我国文化创意产业发展理论与实践

刘 岚 ◎ 著

吉林出版集团股份有限公司

版权所有　侵权必究

图书在版编目（CIP）数据

我国文化创意产业发展理论与实践 / 刘岚著. — 长春：吉林出版集团股份有限公司，2023.6
ISBN 978-7-5731-3529-2

Ⅰ.①我… Ⅱ.①刘… Ⅲ.①文化产业－产业发展－研究－中国 Ⅳ.①G124

中国国家版本馆CIP数据核字（2023）第112025号

我国文化创意产业发展理论与实践

WO GUO WENHUA CHUANGYI CHANYE FAZHAN LILUN YU SHIJIAN

著　　者	刘　岚
出版策划	崔文辉
责任编辑	侯　帅
封面设计	文　一
出　　版	吉林出版集团股份有限公司
	（长春市福祉大路5788号，邮政编码：130118）
发　　行	吉林出版集团译文图书经营有限公司
	（http://shop34896900.taobao.com）
电　　话	总编办：0431-81629909　营销部：0431-81629880/81629900
印　　刷	廊坊市广阳区九洲印刷厂
开　　本	710mm×1000mm　　1/16
字　　数	301千字
印　　张	14.5
版　　次	2023年6月第1版
印　　次	2023年6月第1次印刷
书　　号	ISBN 978-7-5731-3529-2
定　　价	78.00元

如发现印装质量问题，影响阅读，请与印刷厂联系调换。电话0316-2803040

前　言

创意产业、创意经济或译成创造性产业，是推崇创新、个人创造力、强调文化艺术对经济的支持与推动的新兴的理念、思潮和经济实践的活动。当代文化创意产业的兴起源于"创意产业"这一创新理念，文化创意产业是由个人创意、才华和专业技术通过运用知识产权、创造财富和增加就业机会的新兴行业，是一种在全球化的消费社会的背景中发展起来的产业。在全球物资、能源日益匮乏的状况下，大力发展创意经济，发展文化创意产业是一个增加国民经济总量的良好途径，对于优化产业结构来说意义重大。

文化创意产业是指依靠人的智慧、才能和创意，借助于高科技对文化资源进行整合、创造与提升，通过知识的开发和运用，产生出高附加值产品，具有创造经济价值和就业潜力的产业。联合国教科文组织认为文化创意产业包含文化产品、文化服务与智能产权三项内容。任何一种文化创意活动，都要在一定的文化背景下进行，但创意不是对文化的简单复制，而是依靠人的知识和创意，借助科技对传统文化资源的再提升。

随着社会、经济发展水平的提高，人类生活需求的改善，科学技术与文化的普及，文化的发展逐步脱离历史上长期存在的被少数精英垄断与欣赏的状况，并开始加速走向大众，成为可以被大规模接受和消费的商品。文化与经济发展日趋紧密的结合，文化逐步融入经济，经济发展中日益体现出文化的内容，在产业发展方面尤其如此。文化成为推动与制约产业发展的重要因素，最终文化也成为产业。

文化创意产业是以创意为核心，向大众提供文化、艺术、娱乐产品，满足大众精神、文化消费需求的新兴产业，也是文化产业中最具创造性和先导性的核心组成部分，是文化产业的高端，是文化与当代先进科学技术、工业结合的产物，是文化产业的创新性产业。在全球经济逐步进入以知识和创意软资源为核心竞争力的时代背景下，文化创意产业正成为一个国家和地区社会经济发展的重要引擎。本书期望通过分析国内外文化创意产业发展状况，总结出可供中国文化创意产业发展借鉴的经验，为我国各地区文化创意产业良好发展的实现尽一份微薄之力。

由于作者水平有限，本书难免存在不妥甚至谬误之处，敬请广大学界同仁与读者朋友批评指正。

目　录

第一章　文化创意产业概述 1

第一节　文化创意相关概念 1
第二节　文化创意产业的发展过程 8
第三节　文化创意产业的内涵与特征 13
第四节　文化创意产业的模式与功能 22

第二章　传统文化创意产业的发展 33

第一节　景德镇陶瓷文化创意产业 33
第二节　茶文化创意产业 45
第三节　湘绣文化创意产业 54
第四节　农村旅游文化创意产业 62

第三章　文化创意产业集群 70

第一节　文化创意产业集群的界定和特点 70
第二节　文化创意产业集群形成的理出理论 75
第三节　文化创意产业发展的主要模式 82

第四章　文化创意产业集群的竞争机制 85

第一节　波特"钻石模型" 85
第二节　产业集群竞争力与钻石模型 87
第三节　文化创意产业集群竞争力的钻石模型 89

第四节　文化创意产业集群的核心竞争力 ·············· 95

第五章　国内外文化创意产业发展现状 ············· 100
　　第一节　国内外文化创意产业发展现状 ·············· 100
　　第二节　国外文化创意产业发展措施 ················ 113
　　第三节　国外文化创意产业发展对我国的启示 ········ 121
　　第四节　我国核心城市文化创意产业的发展 ·········· 124

第六章　文化创意产业融资 ······················· 129
　　第一节　文化创意产业融资概述 ···················· 129
　　第二节　文化创意产业融资方式 ···················· 132

第七章　文化创意产业人才的培养 ················· 139
　　第一节　文化创意产业人才的内涵 ·················· 139
　　第二节　国外文化创意人才的培养模式 ·············· 144
　　第三节　文化创意产业人才培养与管理 ·············· 152

第八章　文化创意产业的实践应用研究 ············· 160
　　第一节　文化创意产业在互联网的应用 ·············· 160
　　第二节　文化创意产业在商业的应用 ················ 163
　　第三节　文化创意产业在制造业的应用 ·············· 167
　　第四节　文化创意产业在农业的应用 ················ 171
　　第五节　文化创意产业与城市的融合 ················ 174

第九章　现代艺术设计与文化创意产业的融合 ······· 178
　　第一节　现代艺术设计的审美特征 ·················· 178
　　第二节　现代艺术设计的发展趋势 ·················· 187

第三节　现代艺术设计与文化创意产业的关系 …………… 191

第四节　现代艺术设计与文化创意产业的创新 …………… 200

第五节　现代艺术设计与文化创意产业的结合 …………… 205

第六节　文化创意产业的发展路径 ………………………… 215

参考文献……………………………………………………………222

第一章 文化创意产业概述

第一节 文化创意相关概念

文化产业的发展在全球范围内产生了巨大的影响，为经济发展提供了发展动力和支持。尤其是一些发达国家，在物质经济发达的基础上，文化产业发展为经济发展提供了新的动力支持。因此，许多发达国家把文化产业作为一个国家的战略性产业。文化产业的发展逐步成了世界经济发展的一种崭新表现形式。在文化产业的发展过程中，文化创意起到了重要的引领作用，创意决定了文化的发展方向，并且通过创意促使文化产业实现结构优化和质量效益的提高。文化资源的丰富、文化产业融合、文化资本的积累，这一系列的发展都与创意密不可分。此外，文化产业的发展也离不开相关产业创意的发展，相关产业的发展对文化产业产生了技术外溢效应。因此，创意是文化产业的核心力量，对文化产业的发展起到了决定性作用。

一、文化产业、创意产业和文化创意产业内涵界定

联合国教科文组织通常以文化产业作为常用定义。英国学者大卫·赫斯蒙德夫把文化产业定义为"与社会意义的生产最直接相关的机构"。美国学者艾伦·斯科特则基于文化服务的产出和作用来对文化产业进行定义，认为基于

娱乐、教育和信息等目的的服务产出，和基于消费者特殊嗜好、自我肯定和社会展示等目的的人造产品的集合就可以被定义为文化产业。中国学者胡惠林则认为文化产业是由生产和消费组成的一个有机整体，它是一个系统性的产业。综上，从国内外的学者定义可知，对于文化产业的定义通常都是从狭义的角度出发的，关注的是其内部蕴含的文化意义。

英国最早产生了创意产业的概念，创意产业在英国的经济发展中、在理论经济学的相关领域都产生了深远的影响。英国学者约翰·霍金斯认为它是经济全球化背景下的产物，以创造力为核心竞争力，个人或者团队依靠自身的技术或者创意去带动产业的发展，形成新的知识产权或者是经营新模式。由此，创意产业被定义为一个以脑力创造为主要优势地位的创新性产业。澳大利亚学者约翰·哈特利考虑将新媒体的力量作为创意产业的主要发展动力，通过创意将个人和工业生产结合起来，产生了生产和消费者之间的互联。同样，澳大利亚学者斯图亚特·坎宁安则认为，从本质上来看，文化产业和创意产业没有区别，创意产业可以提升新经济中的价值，可以实现单纯的媒体、技术等无法实现的效用。总之，学者们对创意产业的定义不仅考虑了文化本身，更重要是从人的创造力出发，挖掘更深层次的创意产业含义。并且在研究创意产业的过程中，不只分析其对当前经济的影响，也更加注重创意产业对未来经济的影响。

文化创意产业的定义和包含的范围都处于不断地更新的探索中，国内外学者没有对其形成统一的观点。但是学者普遍形成共识的是，文化创意产业是由产品和服务两类组成的。世界知识产权组织给出的定义汇总认为，文化创意产业的所有活动都应该是围绕知识产权进行的活动，这些活动可能包括创造、生产、制造及传播等活动，这些活动的核心都应该是围绕知识产权进行的。联合国贸易和发展会议在《创意经济报告》中也认为，文化创意产品由货物和服务两种形式构成，都是以创意为核心的。这类产品在生产过程中包含了大量人类的创造力和创意。

文化创意产业在中国也得到了学者和政府的重视，并在理论和政策运用方面都得到了新的发展。中国人民大学金元浦教授认为文化创意产业是以经济全球化为背景产生的，是为满足人们的精神文化需求而产生的，通常是以技术手段作为支持，通过媒体等手段的配合实现经济和文化融合的一种系统性产业。台湾实践大学李天铎教授认为文化创意产业实际上是一个大的集成系统，从表层意义可以理解为文化艺术、风俗习惯等，而实际内涵中涉及了文化背后更深层次的内容，比如创作、发行、版权、消费，范围涉及影视、动漫、音乐，广告等。大陆学者对文化创意产业的衡量存在不同的标准，他们往往从经济实践和经济数据方面分析其蕴含的理论意义。总之，文化创意产业是一个与多种技术相关的产业，并且涉及许多相关行业的发展，从综合角度考量并对其进行界定，被认为是一个普遍的趋势。

然而，在实际经济社会中，经过观察不难发现，图书馆作为文化机构，对外化创意产品的认知和分析也存在较狭窄的层面。比如，近年来图书馆学者对文化创意产品停留在实体物质层面，没有挖掘其背后更深层次的产品的文化内涵。虽然有个别研究提出，文化创意产品的研究应该从物质形态和非物质形态两个方面考量，但是仅仅提出了这样两种分类，并没有指出非物质文化形态产品的具体内涵和如何分析，其认知还是停留在表层。面对这种困境，可以从国家和各地政府的一系列发文中找到相关的分析方向，政策汇总发现，不仅重视物质文化创意产品，更加注重非物质形态文化创意产品，并且提出要加快促进文化创意产品和相关产业的融合发展。但目前，能真正开展文化创意产品的图书馆还不是很多，国内做得比较好的有国家图书馆和几个省级图书馆，他们发展文化创意服务产品同时，注重将文化创意与旅游融合起来，推出了系列研学游服务。

通过分析国内外对文化创意产业的研究进展，我们尝试可得出文化创意产业内涵的一些要点。文化创意产业是以创意为核心动力，通过文化创意产品与相关产业的融合，促进人类经济世界的发展，并最终促进经济社会发展的新兴产业。文化创意产业大致可以分为三个类型：第一种为生产文化创意内容的，这类主要包括：产品制造、电影产业，音像产业等；第二类主要体现为传播宣传服务，对相关的文化创意产品（或服务）进行传播服务，包括营销业、出版产业，传媒产业等；第三类是文化创意产品（或服务）生产和传播过程中的软硬件服务，包括技术发明、音响录制、电影放映、图书印刷等方面。这类内容中需要相关产业技术的支持。通过以上对文化创意产业的概念的国内外发展情况和相关的分类进行总结，我们可以得出结论如下：

（1）从文化层面去定义和划清文化创意产业的起源、内涵和相关外延。人类文明的不断进步促进了文化创意的产生与发展，但文化创意产业依赖于经济社会的发展，并以经济发展为基础。在市场经济环境下，文化创意产品的发展关键是市场需求，市场的需求决定了其发展形势和方向，经济技术手段等是其发展的辅助力量。在发展过程中，文化创意产业的商业化运作又有可能对文化创意产业产生一定程度的负向影响。过度的商业化把文化创意产品的文化内涵冲淡了，增加了商业气息，掩盖了文化创意产品的本意。因此，文化创意产业的发展过程中，商业化运作是发展手段，但要合理运用，要将文化创意产业立足于文化基础之上。

（2）文化创意产业的起源最早可以追溯到几百年前的文化、意思等表达形式。从属性角度分析，文化创意产业最早起源于一些零星的文化创意行为，随着专业性和技术性的增强，逐步发展成为系统性的产业形式。从经济角度分析，文化创意产业是由许多相关产业系统组成的，这些产业在文化创意产业之前便已经产生并发展起来。

（3）文化创意产业的内涵包含了精神价值、道德信仰、文学艺术，生活方式等多种文化层面。其是通过融入人类的创意来激发影视、出版、传媒、设计、广告、动漫、游戏、互联网以及音乐、舞蹈、美术等文化艺术形式的生命力，融合文化与科技、信息、旅游、体育、农业、金融相关产业形式等，形成的一种系统性的产业形式。总之，文化创意产业是包含了人类创造力的多种相关产业形式共同融合发展形成的。

（4）文化创意产业的核心是创意。从外延内容来划分，文化创意内容可以分为三种类型：文化创意产品的生产、传播、生产和传播所需的软硬件支撑。以创意为核心的文化创意产业突破了传统的三次产业的划分，使产业门类在创意核心下进行融合发展。以创意为核心的外延不断延展，会造成文化创意产业外延无限放大的问题，伴随文化创意产业外延的扩大，也会导致文化创意产业范围的无节制扩大。所以，在对文化创意产业外延界定时，不仅要考虑自身的概念，也需要结合国家的产业发展状况和发展规划，这样才能对国家的文化创意产业做出适合国情的界定。

二、文化创意产品的内涵与外延

文化创意产品是一类特殊的产品。它主要是为了满足人们的精神需求而产生的。主要特征表现为：一是开发和利用现有的文化资源，二是存在一定数量的消费人群。在文化创意产品市场中我们不仅是要生产相关产品，并且还要保证产品能满足消费者的精神与生活需求。文化创意产品是对文化产品的创意性发挥，通常的文化创意产品是可以重复升级和利用的，因此文化创意产品还具有重复发展的特征。对文化资源的利用和开发程度与消费者自身的文化产品消费能力密切相关，对消费者的文化产品消费能力进行深入地了解和分析，对于分析文化创意产品发展具有重要现实意义。

文化创意产品的内涵是丰富的，涉及多个方面。其主要是指满足人们精神需求的，包含创意因素的各种文化产品的集合。这类产品通常具有民族特征和社会文化特征。伴随文化创意产品的深入发展促进了文化创意产业的发展。通常可以根据文化创意产品对人类精神的满足分为四种类型。第一种称之为核心类产品，是满足人们的精神需要的性质，比如满足审美追求。第二种称为形式产品，主要指满足人们精神需要的实现方式。第三种称之为期望产品，主要考察产品满足人们精神需求的程度，人们对其效用的满足程度。第四种为延伸产品，主要指文化创意产品带给消费者的附加效用，比如是否提高了人们的审美层次。

文化创意产品的外延我们主要从层次和国别分类尝试理解。

1. 从层次上分类

从产业链的上、下游关系及产品的创新程度上分析，文化创意产品有三个层次上的分类，也是其外延的重要实现形式。从上游和下游产业关系出发，结合产品的创新程度，我们通常将文化创意产品分为三种类型。这也是其产品外延上的体现形式。首先，产品包含了以思想性、创新性为主的核心产品，包括新闻、出版、报业，文艺演出等，由于产品具有原创性的特点，在满足消费者的需求方面产生了良好的反馈。第二种是外围产品，这类产品通常是对文化创意产品的一种衍生体现。形式主要有音像、电信、旅游、娱乐等，采用思想、文化、创意的方式满足消费者的精神需求。第三种是延伸产品，具有文化创意的非兼容性和非排他性的双重特征。例如，园林绿化、会展、工艺品等。尤其是产品的非排他性，消费者的使用数量并不影响其他消费者的使用，大大提高了文化创意产品的消费者效用，也提高了文化创意类产品的社会效用，对于促进整个社会的文化发展发挥重要作用。

2. 从国别上分类

由于每个国家的国情存在差异，因此决定了文化创意产品在起源、发展方向、表现出的特征和发展的重点等方面在各国之间存在差异。因此，各个国家对文化创意产品的定义也存在显著差异，要深入分析文化创意产品的外延，必须依据不同国家的国情对文化创意产品进行分析。下面以英国、美国、日本、中国等四个国家作为例子进行分析。第一，分析英国的文化创意产品，英国由于其经济的发展程度带来的精神产品需求较早，因此英国也就成了最早提出并发展创意产业的国家。英国主要重视以设计为核心的创意产品的发展，并且重视高技术产品在创意产品中的应用，其主要关注的产业包括广告、音乐、出版等方面。第二，从美国的文化创意产业来看，主要体现为版权特征。美国依据这一特征将文化创意产业分为了四个类型。一是核心版权产业，包括了图书出版、文学创作、音乐、摄影等。二是相关的交叉版权产业，行业外延为电视机、收音机、录音机等。三是部分版权产业，行业外延为服装、珠宝、家具博物馆等。四是边缘版权产业，包括大众运输服务、电信、网络服务等。在各分类过程中注重文化创意产品的知识性特征。第三，由于日本这个国家在动漫方面发展迅速，不仅在自己国家中占有很大市场份额，在欧洲国家也占据了较大的市场份额，成为其国家的文化特色。因此，日本将文化创意产业分为内容产业、休闲产业、时尚产业等。这种分类方式体现了国情特色，也符合自己国家的经济发展特征。第四，我国的文化创意产业分为文化艺术、广播、影视、网络服务、广告设计服务、休闲娱乐，旅游等多种类型。从类型上、从层次上、从国家经济发展程度上我国的分类方式都有助于文化创意产业的明确发展。这些分类为明确文化创意产业的发展提供了理论支撑，同时也为有关文化创意产业学科的发展提供了理论基础。

第二节　文化创意产业的发展过程

一、创意产业的提出

"创意产业"（Creative Industry），又译"创意经济""创造性产业"。最初由英国人提出，并且通过"文化"的诠释，发展成为一种在全球化消费社会的背景下，推崇智力创新、强调文学艺术作品的创作与传播（即文化活动）对经济的支持与推动作用的新兴理念、思潮和实践活动。在世界上，特别是在工业发达国家中越来越受到政治界、经济界、文化界的重视。

"创意产业"的提出背景是，1997年，英国的布莱尔当选首相之后，为了适应后工业时代的经济形势，继续保持英国经济的增长，布莱尔宣布成立"创意产业特别工作组"，专门研究世界及英国后工业时代的经济发展形势，为英国制定在知识经济、信息时代的发展战略提供方向。这个工作组很快拿出了自己的研究成果，先后于1998年和2001年发布了两份研究报告。

在这两份研究报告中，英国的创意产业特别工作组给"创意产业"（Creative Industry）做出了如下定义："创意产业"就是源于个人创意、技巧和才华，通过知识产权的开发和运用，而形成的具有创造财富和就业潜力的行业。按照英国政府和专家的意见，"创意经济"的范畴包括13个行业，即：广告、建筑、艺术和文物交易、工艺品、设计、时装设计、电影、互动休闲软件、音乐、表演艺术、出版、软件、电视广播等。联合国教科文组织认为，文化创意产业包含文化产品、文化服务与智能产权三项内容。近年来，欧洲、美国、澳大利亚和其他国家发布的报告和研究成果，大大丰富了创意产业的内涵。

二、文化创意产业的兴起

(一) 从文化产业到文化创意产业

进入20世纪90年代以后，文化产业逐步开始向文化创意产业进行转型，这不仅是语义上的演变，更是一种以"文本"创造方式为核心的转变过程。

创意产业起源于个体创意、技巧及才能，而在"消费社会"兴起的社会背景下，通过对文化"文本"的创造和利用，文化的符号体系和视觉形象得到了再生产，这对于控制和操纵消费趣味和消费时尚发挥了根本性的作用。因此，文化创意产业的兴起，可以被看成是对"文化产品"的重新构造和新的解读。

随着从生产取向社会向消费取向社会的转型，文化公司从以往关注"文本"的创作，到现在以"创意"为核心，也就是说，以往的文化公司注重实际可见的文本创造和服务，而现在更加注重开发各种"ideas"。一个典型的例子就是，众多卡通家族、玩偶世界的产生，为消费者营造了一个童话般的世界，把普通的东西变得不普通，把年轻消费者对理想世界的美好想象附着在了产品上，实现了符号与商品的拼贴。

创意群体、创意阶层的兴起，是文化创意产业兴起的重要因素。对于这一变化趋势，法国社会学家皮埃尔-布尔迪厄有着精辟的见解。他在《区隔》一书中创造了"文化中间人"（cultural intermediaries）的术语。他认为，在新兴小资产阶级的核心中，有一个具有独特品味和文化习惯的新社会阶层，"他们的职业多与呈现和再现有关（销售、营销、广告、公共关系、时尚、装饰等），并且身处提供符号物品及服务的系统之内……他们中最典型的是电视或电台文化节目制作人、上流社会的报纸杂志评论家"。

同样，文化产业的兴旺发达导致了现代社会新阶层的出现，理查德·佛罗里达将其称为"创意阶层",创意阶层的崛起改变了现有的经济发展格局,也塑造了新的社会形态,在人与社会之间建立了新型的关系:创意人才成为社会经济发展的重心,创意人才之间的联系不再通过组织严密的公司单位进行,而是通过松散灵活的项目与合同进行,富有活力的创意社群是创意人才乐意参与和加入的组织形式。同时,他指出,美国创意经济之所以发达,正是因为其有强大的创意社会结构作为支撑。

(二) 文化创意产业在中国的兴起

近年来,文化创意产业也逐渐由西方引入中国,进入政策制定者、理论界和大众传媒的视线,进而促成了文化创意产业的发端。尽管各种统计口径的产业价值利润让我们看到了中国文化创意产业的朝阳,尽管社会各界、全国各地对于这一新概念炒的火热,然而,从现实来看,中国是文化大国,却不是文化产业大国,文化创意产业在中国也还只是停留在概念层面上。

正如佛罗里达预言——在创意产业中,3T,即科技(technology)、人才(talent)、宽容(tolerance)是最重要的元素。从这一点看,中国文化创意产业的发展未来的方向应着力于人力资源的开发和政策环境的宽松的方面。现在的文化创意产业领域,非常缺乏既懂文化属性又懂市场属性的复合型人才;另外,由于文化本身在中国就带有很强的意识形态属性——政府拥有文化资源的控制权,政府的决策甚至决定着其是否能成为真正的产业,也决定着其在市场化的道路上究竟能走多远。这也就要求,中国文化创意产业的发展必须要在破除传统思想的基础上,加大对人才的培养力度。

三、文化创意产业的发展脉络

尽管文化创意产业在 20 世纪 90 年代才被正式提出,但从历史延伸的角度来看，文化创意产业是由文化产品、文化工业、文化产业，一步步发展起来的。这一发展脉络能够让我们对文化创意产业的发展有一个更全面的认识和理解。

（一）从文化产品到文化工业

文化是人文科学研究的基本问题之一，"文化"（culture）一词在西方来源于拉丁文 cultura 和 colere，原义是指农耕及对植物的培养。15 世纪以后，逐渐引申使用，人们把对人的品德和能力的培养也称之为文化。在中国的古籍中，"文"既指文字、文章、文采，又指礼乐制度、法律条文等，"化"是"教化""教行"的意思。从社会治理的角度而言，"文化"是指以礼乐制度教化百姓。一般来说，学界将能满足人们"精神需求"的产品称之为文化产品，其包含了诸多种类和形态。文化是由多种元素组成的一个复杂的体系，这个体系中的各部分在功能上互相依存，在结构上互相联结，共同发挥社会导向的功能。精神要素，语言和符号、规范体系、社会关系，物质产品等都是构成文化产品的要素。总之，文化产品通常是由人类进化过程中衍生出来的、由后天习得的、在一定区域内共有的、具有民族性和特定阶级性的、并在一个连续不断的动态过程中创造的产品。

文化产品作为商品进行买卖早已有之，然而文化真正的商品化是从 20 世纪中期才开始的。1776 年工业革命在英国首先爆发，之后逐渐延伸到欧洲各国乃至全世界，人类社会生产水平得到了大幅度提高；到了 19 世纪末 20 世纪初，随着西方工业国家居民收入水平的提高以及闲暇时间逐步增多，人们对文化产品的需求也相应增加，产品的生产和发行呈现出高度资本化的特征，越来越多的产品通过中介、发行人来发行，复杂的劳动分工在文化生产中出现了，接着，更具有专业性和组织性的专业公司剧增，文化产品开始进行大批量的工业化生产和发售。文化工业（Culture Industry）的概念首次由德国法兰克福学派霍克海默和阿多诺在1944年发表的《文化产业：欺骗公众的启蒙精神》一文中提出。在他们看来，文化产品已经呈现出按照一定的标准、程序批量生产、机械复制的特征，逐渐缺少独特的内容和风格，完全以类似于工业生产流程的方式进行生产。

（二）从文化工业到文化产业

文化产品以一种类似工业生产的模式进行生产的时间并不是很长，随着发达经济体经济和政治环境的变化，文化的产业形态逐步显现。

二十世纪六七十年代，资本主义战后的黄金时代终结，滞胀式经济衰退的难题出现，商业环境也发生了整体性变革，这些都让社会、文化、市场的交织与联系更加紧密，文化产业也开始萌动。发达资本主义国家的经济衰退持续到20世纪90年代，为了走出低谷，发达工业国家的商业从原有的原料加工、建筑业、农业产业等向服务业转移，这就为文化产业的发展提供了经济环境。此外，商品的买卖日趋国际化，新兴经济体陆续加入全球分工，跨国公司在全球范围内急剧扩张，文化产业的运作也向国际化靠拢。

与此同时，大约在20世纪80年代，以里根、撒切尔夫人等为代表的新自由主义政府的上台推动了西方世界的私有化改革的进程，这为文化产业的发展创造了良好的政治环境。具体来看，1980年以前，世界上大部分的电视、广播、电信机构都是由国家拥有和控制的，新自由主义的兴起打破了政府干预的合法性，商业公司认识到文化、传播和休闲产业中潜在的巨额利润，便积极投资文化产业。文化产品的生产和营销模式发生了根本性变化，突破了传统产业的运作路径，在整个产业体系中扮演着日益重要的角色。

(三) 从文化产业到文化创意产业

20世纪90年代以后，纯粹服务于精神需求的文化产品生产逐步在市场中独立出来，专注于凝聚智力资源的文化产品投资一度成为市场热点，文化产业日渐向文化创意产业过渡，但文化创意产业并不等同于文化产业，也不仅仅是文化产业的高级阶段或者衍生物。文化创意产业的兴起与发展是对"文化产品"的重新构造和解读，在以消费为取向的社会，消费者和文化公司更加看重"创意"，而非像以往那样更加注重实际可见的文本创造和服务。

在西方世界，资本的时代已经过去，而创意的时代也在快速走来。在文化创意时代，社会新阶层的出现，即理查德·佛罗里达所称的"创意阶层"，改变了以往的经济发展格局和战略，也开拓了全新的社会形态，创意人才一跃成为社会经济发展的关键人群。统观人类发展史，文化创意产业是产业结构、就业结构、消费结构升级的必然结果，在当今世界，文化创意产业作为一种新兴产业在世界经济中发挥着举足轻重的作用，成为了新时代衡量国家竞争力的新标准。

第三节 文化创意产业的内涵与特征

一、文化创意产业的内涵

(一) 创意

世界著名的广告策划大师詹姆斯的广告名著《产生创意的方法》中最早提出了"创意"这个专业名词。从此，idea作为创意一词便被普遍认同并被广泛应用。美国创意大师罗伯特·弗兰兹认为创意必须是最新的，具有独特性，具有震撼力和强大的吸引力的思想。"创意之父"约翰-霍金斯认为可以把创意简单地定义为"有新思想",并认为这种新思想必须符合个人、原创、有意义、有用处四项标准。综合创意的内涵和人们的创意实践,可把创意定义为:人们在实践中产生的、具有想象力的创造性思维。作为一种思维过程,创意更侧重于强调人的意识、意图和灵感的价值,是科学技术与艺术完美结合的创造产物。

创意与其他带有原创色彩的词语不同。首先,创意没有计划和企图,它是一种意念上的创新,是思维突如其来的释放,具有独立性。创意既不依赖于固有的答案、不受他人暗示的影响,在逻辑范畴上属于超出原有论域的思维。拘泥形式、墨守成规都不可能产生创意。其次,创意具有个体性。创意不同于设计、策划可以是集体智慧的结晶。创意只能是个人灵感的迸发,来源于日常生活的积累。虽然集思广益可以促进创意的产生,但归根到底它是个体的产物。最后,创意还具有不可替代性。创意的产生需要从多方面和多种联系中理解问题,从而找到解决问题的突破点。思想肤浅、抓不到问题的重点,根本无法产生创造性思维成果。创意思维在思维的高度、广度和深度等方面都比常规思维有着更明显的优势。一个好的创意是独一无二的,如最经典的瑞士军刀平面广告,偌大的红色工具箱里只放了一把小小的瑞士军刀,一大一小十分具有冲击力的对比,让人不禁赞叹作者的绝佳创意,只用一把小小的瑞士军刀就可以代替工具箱内所有的工具。广告中工具箱的颜色、广告语的字体等设计都可以进行更改,唯独广告创意无可取代。

(二)文化创意产业

文化创意产业的内涵十分丰富,世界上不同国家和地区对文化创意产业的界定都不太相同。

文化产业是经济发展在文化领域的反应，它不仅具有文化内涵，更有着经济意义。基于文化产业这种双重属性，文化创意产业自然也是文化与经济的结合，它不仅是指将对经济利益的准求和文化创新结合起来的创意，还包括将文化产品和经济创新相结合的创意。所以文化创意产业不仅仅包括文化创意，还存在经济创意的这一问题，是文化创意和经济创意的结合。文化创意产业源于文化并高于文化，在对文化资源创造性的开发和利用的同时，也体现出了文化对经济社会发展渗透力、影响力的拓展和挖掘。

文化创意产业就概念而言，包含了文化、创意、产业三个内容，分别代表了文化创意产业既有区别又相互关联的三个要素。三位一体，共同构成了文化创意产业的内涵。因此文化创意产业可以定义为：基于文化要素的创意和运用，通过高科技和智力紧密融合的创作、生产方式，生产、提供以文化内容为核心或重要元素的高附加值产品及服务的，具有规模化生产能力和广阔市场的产业。

二、文化创意产业的分类

各个国家（地区）由于所处的经济社会发展阶段以及文化体系的不同，政府对文化创意产业所关注、管理、支持的重点也不同，对文化创意产业的分类也存在一定程度的差异。

（一）英国的分类办法

在英国，政府对文化创意产业的界定比较宽泛，其认为"那些出自个人的创造性、技能及智急和通过对知识产权的开发生产可创造潜在财富和就业机会的活动"，统属创意产业。据此，包括出版、音乐、表演艺术、电影与录像带、广播电视、软件与计算机服务、休闲软件与游戏、广告、建筑、设计、艺术和文物交易、工艺以及流行设计与时尚在内的13种行业均属于文化创意产业。

（二）美国的分类方法

与英国沿用的"创意产业"相比，美国则采用了"版权产业"的分类方法。版权产业是当今知识经济时代最重要的产业之一，是文化创意产业的核心和基础因素，其发展水平被国际社会认为是衡量一个国家或地区创新能力和核心竞争力的基本标尺。美国的版权产业可分为四类：核心版权产业、交叉版权产业、部分版权产业和边缘版权产业。

（三）中国国家统计局的分类方法

2004年，国家统计局在与中宣部及国务院有关部门共同研究的基础上，制定了《文化及相关产业分类》，从国家有关方针政策和课题组的研究宗旨出发，结合我国的实际情况，将文化及相关产业概念界定为：为社会公众提供文化、娱乐产品和服务的活动，以及与这些活动有关联的活动的集合。根据这一概念，文化产业的范围大致包括：为社会公众提供实物形态文化产品和娱乐产品的活动，如书籍和报纸的出版、制作、发行等；为社会公众提供可参与和选择的文化服务和娱乐服务，如广播电视服务、电影服务，文艺表演服务等；提供文化管理和研究等服务，如文物和文化遗产保护、图书馆服务，文化社团活动等；提供文化、娱乐产品所必需的设备、材料的产销活动，如印刷设备、文具等生产经营活动；提供文化、娱乐服务所必需的设备、用品的产销活动，如广播电视设备、电影设备等生产经营活动；与文化、娱乐相关的其他活动，如工艺美术、设计等。

三、文化创意产业的特征

文化创意产业发展的时间虽然不长甚至至今尚不能推断其已进入了成熟

阶段，但却展现出了其不同于传统产业的特征。

（一）文化创意产业特征的认识

厉无畏提出文化创意产业具有：创新性、渗透性、高增值性、强辐射性、高科技含量，高风险性的特征。张京成等人认为创意产业的总体特征主要有：（1）创意产业集文化创意、科技创新和经济效益于一身，是三者相互交融的产物和共同发展的结果，具有三位一体性的特点；（2）创意产业具有空前的产业关联度，表现为极强的渗透性和整合性，在横向上广泛延伸，跨越了众多传统产业部门，表现出横向跨越性的特点；（3）创意产业处于传统产业价值链的高端，它把注入到传统产业的文化价值和高新技术转化为新的增值要素，具有高附加值性的特点。（4）创意产业具有鲜明的知识产权性。创意产业的核心生产要素是信息、知识、文化和技术等无形资产，拥有知识产权是发展创意产业之根，加强知识产权保护是发展创意产业之本。金元浦认为创意产业具有多样性、差异性、文化性、精神性、流动性、易逝性和组织结构与交易过程的复杂性等产业特征。管益忻认为发展文化创意产业关键在于把握好这几个基本特征：（1）在产业战略定位上，要体现经济内涵，又更要具有文化元素。（2）在产业生成、发展上，要讲求利润，更要注意理念设计。（3）在人文素质上，要重视品格沉稳，端庄气质，更要重视其素质青春活力与奋斗精神。（4）在文化创意企业发展上，要重视其商业基础，更要重视文化创意内涵与环境。（5）在骨干人才配置上，要抓善经营会管理的团队骨干，更要重视关于文化创意人才主导。顾作义等人认为，文化创意产业有如下特征：（1）文化性。任何一种文化创意活动，都必须在一定的文化背景下进行，离开文化的基础，创意就会成为无源之水，无本之木；（2）高附加值。通过高科技手段或者高艺术形式的加工赋予其增值的潜力，成为高附加值的产品；

（3）价值链条长。文化创意产业具有大规模市场化的潜力，它可以通过产业链的形成和延伸创造巨大的市场价值，还具有价值链条长等特征；（4）创新性。文化创意产业要以创新为追求目标；（5）高融合。文化创意产业是文化、经济、科技融合的产物；（6）集约化。文化创意产业要有空间的集聚。创意是借助个人灵感和才华，而只有这种灵感和才华在一个空间有效化集聚，才可能创造出效益最大化，从而在竞争中推动创新。

不难发现，大部分专家学者都认同，文化创意产业具有创新性和文化性、高科技含量和强辐射性、产业关联度强、高附加值性和高风险性等行业特点。只有掌握了这些特征，才能更准确地把握文化创意产业运作规律，才能推动文化创意产业又好又快的发展。

（二）文化创意产业的基本特征

任何一种文化创意活动，都要在一定的文化背景下进行，但创意不是对传统文化的简单复制，而是依靠、集聚人的灵感和想象力，借助科技对传统文化资源的再开发、再提升和再塑造的过程。其基本特征主要有下列方面。

1. 体验性

文化的产业化操作让文化艺术越来越多地走近人们地生活。与此同时，具有丰富知识积累和创造力的人也加入到了创意阶层的队伍里。出其不意、令人耳目一新的创意，让文化艺术转变为人们可以体验的创新性产品，给人们带来全新的体验和心灵上的愉悦享受。

2. 知识性和艺术性

任何含有文化元素的创意的产生都是以知识为基础起点的，从创意的产生到创意付诸实际都离不开知识。知识是创意过程中最微小的细胞，是一切创意的根源。每一个创意的背后都蕴含着人类的智慧，虽然创意是突发奇想，一念之间产生的，但归根结底是长时间知识积累的结果。有了量的积累，才有质的飞跃，知识的积累促成文化创意产业的产生。而文化创意产业直面人们的文化生活，在生活的基础上进一步升华与艺术相结合，例如云南印象等大型实景演出的打造。

3. 前瞻性和风险性

拒绝平庸是创意的动力，而创意的根本任务就是让原本平淡无奇的生活变得新奇有趣，这要求创意本身具有超前的洞察力和前瞻性。面对现实的挑战，我们只有跳脱出传统思维的束缚，想到众人的前面才能高人一等。然而这种超前性和前瞻性本身就具有极大的不确定性，所以这也给文化创意产业带来了一定的风险。

（三）文化创意产业的发展特征

文化创意产业的出现，意味着原本蕴含在劳动过程中的创意已加入商品的行列。文化创意产业所带来的重大影响都是基于其本身所具有的不同于传统产业的发展特征而发生的。

1. 高风险与高附加值并存

文化创意产业也是高风险的行业，主要在于文化创意产品的市场需求是不断变化、难以确定的，文化创意产业的产品不是生活必需品，需求弹性大。文化创意产品包含有精神、文化，娱乐等诸多元素，主要是满足人类的精神需求，与此同时，文化的差异、时尚潮流、宣传策略，社会环境等不确定因素对受众的选择会产生很大的影响。另外，文化创意生产机制和产品利润回流方式的特殊性以及创意载体化产品的非保值性，使得其创意产品缺乏风险分摊机制，也导致了文化创意产业的高风险性。

正是遵循市场"高风险、高回报"的基本原则，知识、信息，特别是文化、技术和艺术等无形资产都是具有高度自主产权的高附加值要素，文化创意产业的核心生产要素以这些要素为主，同时也就具有了高附加值的特征。此外，文化创意产业处于技术创新和研发等产业价值链的高端，从这个意义上来说，其也具有高附加值的特性。文化创意产业通过多元化的运作改变了产品的外在特性和其在市场上的地位，无形之中为其产品增加了价值。

文化创意产业的高附加值还体现在对资源的节约和环境的保护方面。不同于传统的产业，文化创意产业所提供的产品或是服务的核心资源为文化、创意、知识，传统产业在生产过程中要消耗大量的物质资源、能源，而文化创意产品最重要的投入要素是无形的文化和创意，所以无论前期的创作生产，还是后期的营销推广，都不会大量耗费自然资源，对环境的影响也很小。

2. 突出的产业关联度和辐射性

产业关联度是指产业与产业之间通过产品供需而形成的互相关联、互为存在前提条件的内在联系。文化创意产业具有高度的产业关联性，它跨越了传统的产业边界，能够与各行各业相互渗透、整合。主要表现在：在产品的供需方面，文化创意产业的产品可以成为其他产业的生产要素，同时，其他产业的产品也会被其作为生产要素来使用。在产业的技术供给方面，文化创意产业的生产需要其他产业为其提供与其技术水平层次相当的生产手段，同时，它的发展也推动了其他相互关联产业的技术进步，从而使整个产业的技术水平不断向更高层次推进发展。如《米老鼠和唐老鸭》，可以是一部喜剧动画，可以编写为图书出版发行，还可以制造相关的玩具、开发主题游乐园。文化创意产业可以拉动多个相关行业的发展，有利于产业的延伸，不断拓展、延长市场链条，形成多元化、多层次的盈利模式。

除了通过知识传播和技术创新在产业之间形成关联性之外，文化创意产业还具有很强的辐射性，使得经济之外的其他层面发生明显改变。在经济全球化大背景下，蓬勃发展的文化创意产业造成的影响范围不再仅限于一个地区或国家。全球经济、政治、文化的交流使国家和地区之间的联系更加紧密，文化观念、传统习惯、核心价值观等因素在碰撞中相互渗透和融合，这样的大背景也使文化创意产业的影响更加扩大。现代知识经济社会中，产品竞争的实质是通过产品所蕴含或提倡的文化来影响或迎合消费者的意识观念、消费传统等，使大众认可、接受此种产品。如好莱坞大片的输出，其实是美国文化在全世界范围内的传播和宣扬。文化创意产业强辐射性的重要表现是，当人们强烈追求文化内涵时，文化的传播和影响力就会促进富有丰富文化内涵的产品在市场上扩张。

3. 知识文化要素密集性和人才的强依赖性

文化创意产业的兴起和发展突出地依靠创意阶层：文化水平高、科技素养高、管理能力强、创意水平高的高端人才。任何文化创意产业都与文化密不可分，必须以某种形式的文化为基础，同时又是对文化的创新和升华。区别于原来以自然资源为基础的物质生产活动，文化创意活动是以文化、知识、智慧活动为代表的文化符号的创造、生产、销售的活动；不同于传统产业生产的物质产品，文化创意产业的产品可以是有形的商品，也可以是无形的文化产品。创意本身就是富含文化的，文化创意产品的核心是文化、创意理念，是人类的知识、智慧、想象和灵感在产业化时代的物化表现。

正是由于文化创意产业知识文化要素密集的特征，具有创意的高素质人才成为文化创意产业发展的灵魂，甚至可以说，创意人才决定着此产业的发展空间。创意具有综合性，不能简单地等同于智能或知识的叠加，而创意人才不同于传统产业人才，他们的培养需要花费更多的精力和时间。创意人才主要是知识型工作者、能够迸发出灵感的设计高手和特殊人才，他们的工作具有特殊性和不可替代性，一个完美的创意需要多种因素共同作用才能实现，创意工作者要用创新的理念和办法解决繁杂的问题。从工作条件来说，相对自由的工作时间和宽松的氛围对触发他们的激情也是十分有利的。

第四节 文化创意产业的模式与功能

一、文化创意产业的发展模式

文化具有区域性和传承性，不同民族、地区的文化形态也各具特色，所以文化创意产业的构成模式依据国家、地区的不同，呈现出各异的成长模式。大致可以分为以下几种类型。

（一）政府引导型

政府引导型指由政府积极推动文化创意产业发展的类型。这一类型中，政府在文化创意产业的产生和成长中发挥了重要作用，对其进行多方面的支持和引导，代表国家有英国、日本、韩国、新加坡等，这其中又以英国最为典型。

从英国的经验分析，英国创意产业的蓬勃发展与政府的极力推动关系密切，政府对创意产业的高度重视和其提供相关的政策支持为创意产业的迅速发展铺平了道路。1997年，为了振兴经济，英国政府提出发展创意产业的策略，首相布莱尔上任后，亲自担任创意产业特别小组主席，积极推动文化创意产业的相关工作，把其作为振兴英国经济的重要内容。他明确提出了文化创意产业的概念和产业分类，提出政府为支持文化创意产业而在从业人员的技能培训、企业财政扶持、知识产权保护、文化创意产品出口等方面应做出积极努力。相比较而言，英国政府的创意产业政策，是目前国际上产业架构最完整的文化创意产业政策。

从产业发展实践效果来看，英国政府的一番苦心得到了良好的回报，创意产业成为英国多年来发展最快的产业之一。从1997年开始的十多年来，英国经济总量增长了大约70%，而创意产业增速则达到94%，为英国提供了198万个工作岗位，雇用了全国4.3%的人口，使得创意产业成为英国就业人口的第一大产业和产值仅次于金融服务业的第二大产业。与大多数传统产业的成长模式不同，文化创意产业承载了较多经济利益之外的职能，同时作为一种新兴产业，对于大多数国家和地区来讲，十分需要政府从宏观的层面给予积极的引导，同时需要通过各种政策予以大力扶持，健全产业运作体系，规范市场秩序，帮助微观主体合理有效地配置资源，这是产业成长中的内在需求，也是政府角色定位的正常领域。

（二）市场主导型

与政府引导型产业发展模式不同，在文化创意产业发展相对发达的经济体中，市场的力量得到更多的强调和重视。市场主导型发展模式是指市场在文化创意产业的生成中起着关键作用的类型。在这种类型的文化创意产业的发展过程中，市场是实施主体和主要推动者，产业相关方普遍遵循贸易自由和市场开放的理念，这其中以美国版权产业的发展最具代表性。

二战后美国迅速崛起并一举成为世界头号强国，无疑与其对市场的极力推崇有着密切的关系，当前，美国的市场经济已高度发达，交易平台和相关的制度也较完善，资金、人才、信息等关键要素自由流动，为文化创意产业提供了良好的环境。资金雄厚的企业选择投资文化创意产业，以市场为主导，就会迅速带动区域经济的发展，并从中获取高额的商业利润和良好的品牌效益。迪士尼、时代华纳以及好莱坞等企业的市场运作都极为典型和成功，美国电影产量仅占全球的6%，而市场占有率却高达80%。

需要特别提出的是，政府与市场的关系一直是经济学界争论的焦点问题之一，也是各经济体在长期实践中很难解决的困局问题。即便是在当今世界自由度最高的经济体美国，凯恩斯主义的积极干预思想从来就没有消失过，其文化创意产业的高度繁荣也并非纯粹的市场自发行为，不能忽视其战后二十多年黄金增长期的积淀；而英国的政府引导型发展模式突出的是"引导"二字，市场仍然是产业成长的主体。因此，文化创意产业在发展中对政府和市场的双重依赖是无法避免的，而政府的行为空间或许更多地取决于其长期的行为习惯和市场的完备程度。

（三）传统文化保护型

文化作为一种产业的发展历史并不长，但文化本身却是与人类社会的进步相伴存在的，甚至可以说人类发展史就是一部人类文化发展史。对于人类自身来说，如何保护地区的多元文明与历史文明遗产，已经超越了国别或民族的单一行为，成为全世界和人类历史文明的共同重大议题。文化创意产业发展中的传统文化保护型模式即是依据本地区的传统文化、建筑、工艺与人文资源等进行传统艺术或遗产文明的保护性移植、复制与传承发展起来的。

在这一模式中，地区原有的文化艺术、传统、人文建筑，自然景观等文化符号在其中起了关键性的作用，法国就是这一类型的典型国家。众所周知，法国是世界上著名的旅游国家，具有悠久的历史，深厚的文化底蕴。卢浮宫、埃菲尔铁塔、巴黎圣母院、凯旋门等诸多历史遗址吸引着无数的游客奔向这个富有浪漫气息的国度，可以说，文化休闲旅游业是法国文化创意产业中最为成熟的行业之一，其价值链就是以丰富的文化资源为依托，带动吃、住、行、游、购等一系列相关产业的庞大的经济收益链条。

中华民族有着五千多年文明史，在这片近千万平方公里的国土上所拥有的文化遗产难以计数。改革开放以来，漓江、敦煌、平遥等文化地域每年都吸引大量的国内外游客，依托这些传统文化遗迹，在保护的基础上积极发展创意经济新形态，不仅对保护中华传统文明这种不可复制的人文资源有着重要作用，也是我国产业结构调整优化的重要突破口。

（四）创意阶层集聚型

通过"创意阶层集聚"这种方式成长起来的文化创意产业是原生态的经济形态，创意工作者在其中起着主导作用。创意工作者出于创作或资金的考虑，往往选择废弃的厂房、仓库等地区作为创作地点。他们多以个人画廊、工作室等形式为主，进行艺术创作、作品展示、技艺交流、作品售卖。这种富有激情和自由的氛围吸引了艺术商人的青睐和特色酒吧、餐厅、画廊、书店的落脚入驻，随着时间的推移，特色的文化氛围和生机勃勃的艺术家街区逐步形成，并对周边经济发展起着积极的推动作用。

创意阶层集聚型的主要代表是闻名于世的美国纽约的SOHO区。SOHO并不是一个独立的社区，而是与西村、格林威治村以及小意大利合在一起成为曼哈顿岛的第二区。今天的SOHO是个商业区，有近600家各具特色的百货服装店、饰品店。以SOHO中心区的百老汇大道为例，其中特色店有50余家，经营范围包括珠宝、服饰、化妆品、家居用品、文具及百货等；各式餐馆逾100家，囊括了世界各地的风味美食和高级主题餐厅。世界最知名的品牌如PRADA（普拉达）、CHANEL（香奈尔）、LOUISVUITTON（路易威登）早已登陆这块黄金商业区。

近几年在国内出现的上海苏州河艺术仓库区、昆明创库、北京的大山子798等，都是中国的艺术家在本土尝试这一模式的先声，他们相信勇于探索就会有成绩。

（五）社区合作型

在区域性文化创意产业发展中，无论是政府、市场、社会团体还是艺术家阶层单方面的力量都是有限的，将多种主体凝聚在一起共同推动产业发展的模式被称为社区合作型模式。具体来讲，社区合作型是指在公共发展的区域政策指导下，调动财政、税收、金融、补贴、科研、规划等政府力量的同时，充分发挥市场、社会、企业等各方力量，制订出可持续发展与提升区域竞争力的计划，并通过改善基础设施、促进交通，吸引各国各地创意阶层共同参与，形成生合性的区域创新商业模式。

这种发展形态以20世纪90年代以来东柏林旧城区的成功改造最具代表性。柏林政府在重新规划东柏林旧区时，充分调动民众的积极性，鼓励民众参与到城市的发展规划当中来。政府不断引导民间各种力量共同完成城市更新，让工会、中介组织、工业团体、金融机构、艺术群体协商解决各种发展中的问题，联合起来共同建设了这座新的城市。这样做的目的在于让更多的社会力量主动地参与进来，通过自我组织、自我改造、自我聚居，自行制订出本地区的发展战略与区位形象。这一模式成为旧城改造、新城建设与创意社区发展的成功路径。

二、文化创意产业的主要功能

（一）文化创意产业的经济功能

在知识经济的背景下，文化创意不仅是走出危机的先导产业，是经济实现加快发展的新战略，而且已成为改变世界的重要力量。

文化创意产业属于创新型业态，是指依靠创意人的智慧、技能和天赋，借助于高科技对文化资源进行创造与提升，通过知识产权的开发和运用，产生出高附加值产品和具有创造财富和就业潜力的产业，对加快经济创新具有积极的促进意义。

2008年的全球金融危机中，文化创意产业成为经济寒冬中的一股暖流。数据显示，在各地经济出现负增长的同时，创意产业则呈现了良好的发展态势，许多地方创意产业增速普遍高于当地经济增幅。在后危机时代，各国经济为应对危机促进经济复苏，把发展文化创意产业作为推进创新和调整产业结构的重点领域，引领经济复苏的新战略。比如，美国经济中心纽约在金融危机前以金融（Finance）、保险（Insurance）和房地产（Real Estate），即FIRE为支柱产业，2005年上半年FIRE产业占纽约所有产业中工资支出的84%。由于FIRE发展过火而失控，引发了金融危机。金融危机爆发后，纽约吸取教训，转向以智力（Intellectual）、文化（Cultural）和教育（Educational）为代表的ICE产业。目前，美国整体经济也在从FIRE转向ICE，后者也包括信息（Information）、创意（Creative）、能源和环境（Energy&Environment）等领域。

综观世界经济发展的实践，不难发现，在知识经济的背景下，文化创意不仅是走出危机的先导产业，是经济实现加快发展的新战略，而且已成为改变世界的重要力量。任何一场经济危机发生之后，总需要由创新带来突破，通过发现新市场战胜困难。20世纪30年代经济大萧条时，工业领域率先突破、力挽狂澜；1998年东南亚金融危机爆发时，IT和内容产业异军突起，逆转了经济下坡路；2008年的金融危机，文化创意产业逆势崛起，不但成为化危为机，促进区域经济增长的创新战略，也为大中华地区开启了一条走向创新的发展之路。

经过30多年的改革开放和发展，中国成了世界制造业大国，但在"中国制造"的盛名之下，要清醒地认识到低端制造模式的不可持续性。目前我们正面临劳动力成本上升、人民币升值、环境资源等瓶颈的约束，中国传统制造业正在面临一场转型和升级的严峻考验。大中华地区要在国际产业竞争中立于不败之地，必须改变"中国制造"之困境，唱响"中华创造"之品牌，加快实现从制造到创造的新跨越。

从文化创意产业的功能来看，文化创意是促进产业转型的重要途径。文化创意产业倡导开发人类创造力、解放文化生产力、提升产业竞争力、增强国家软实力。强调创意和创新，强调把文化、技术、产品和市场有机结合起来，不仅能够为人们提供文化含量较高的产品和服务，满足人们的精神需求，形成新的消费市场，而且更重要的是它还可以和其他产业融合发展，促进产业创新和结构优化，有效地推动中国的经济转型和经济创新。

从文化创意产业的发展实践来看，大中华地区通过文化创意的发展，产业转型取得了积极成效。比如香港特区政府为优化经济结构，全力支持创意产业，目前创意产业已成为香港快速增长的产业之一。以设计产业为例，2005年到2010年间，其对香港本地生产总值的贡献增加近3倍，同期就业人数增加1/4。

随着人们生活水平的不断提高，消费者往往不再满足于商品本身的使用价值，而是更关注商品中的观念价值，即其中被注入的文化要素。文化创意产业正是通过观念、感情和品位的传达，赋予传统意义的商品某种独特的"象征意义"，提升其文化附加值，从而满足人们的精神需求和个性化消费，并加快促进消费增长。

发展文化创意产业也是创造一种新型生活方式，在促进消费的同时，还有利于提升生活品质。

（二）文化创意产业的社会功能

利用中华文化元素和价值理念发展文化创意产业，既能够使大中华区以鲜明的文化特征区别于世界其他地区，又能增强区内中华儿女的文化认同感。

发展文化创意产业不仅能共享共赢，还将加深区域间的交流合作，大大增进文化认同，增强民族凝聚力，共同为大中华区域同胞谋福祉，为中华民族谋复兴。

(三) 文化创意产业的文化功能

文化创意精品的传播影响远大于说教式的宣传，优秀的创意产品不仅可以传播和普及文化知识，而且会潜移默化地影响人们的思想观念、价位判断和道德情操。只有提升创意转化力，才能将资源优势转化为经济优势，并借势扩大中华文化影响力。

随着现代化进程的加快，许多传统文化濒临灭绝，而文化创意产业利用高科技和多媒体等创新手段将传统文化中的精髓延续下来，既做到了有效地传承，又在内容或形式上有所创新。中华文化是大中华地区共同的情感记忆、精神遗产，发展文化创意产业，有利于推动大中华地区文化创新力、文化影响力和文化吸引力的整体提升。

中华文化创新力的提升，是基于对传统优秀文化的创新性传承、对外来先进文化的包容性吸收，以及对历史文化资源的创意性转化。传统文化只有在创新中传承，才能得到发扬光大。大中华地区发展文化创意产业，就是促进中华文化的创新创意性发展，是对中华传统文化赋予现代阐释，使其在服务当代人的文化精神需求中焕发出新的生命力。

发展文化创意产业不仅需要增添新的内容，而且需要对异质文化吸收和融合，这种融合性不仅体现在产业运作上，还体现在对文化内容和形式的重新编码和整合上，有利于推动中华文化的价值创新，进一步优化中华文化基因。为此，我们应以包容和开放的胸怀来吸纳和借鉴其他民族的先进文化，扩大国际文化创意的交流，从而拓展创意空间、提升创新能力。

中华文化是一个巨大的财富宝库，只有提升创意转化力，才能将资源优势转化为经济优势，并借势扩大中华文化影响力，这其中的关键环节就是对历史文化资源的创意性转化。比如《花木兰》、《功夫熊猫》中的人物、动物原本是中国特有的文化和生物资源，但却被创造力强大的好莱坞所开发和利用，成为美国人获取财富的资源。以美国的梦工厂《功夫熊猫》为例，导演花30年时间研究中国文化，使整部电影充满了中国元素，《功夫熊猫2》全球票房高达6.5亿美元，其衍生出来的产业市场还在不断扩大，后续效应也在持续发酵。

这给我们的启发是，文化创意精品的传播影响远大于说教式的宣传。优秀的创意产品不仅可以传播和普及文化知识，而且会潜移默化地影响人们的思想观念、价值判断和道德情操。美国就是通过好莱坞电影向全世界传播美国精神和价值观，从而成为文化强国的。比如3D电影《阿凡达》取得了很好的票房，其DVD热卖4天销量670万张，创收1.3亿美元。观众之所以愿意观看，是因为"保护生态"的主题是人类共同面临的问题。但是吸引眼球的宏大叙述中渗透进了美国的主流价值观，观众在无形中接受了。同样，韩国也是通过文化影视，形成"韩流"，推广韩国产品和价位理念。

那么，如何增强中华文化的吸引力，展示其独特魅力呢？不二法门还是要借助现代高新科技成果，大力发展文化创意产业，推进文化交流和传播手段的升级换代，改造传统文化的生产经营和传播模式，促进传统艺术样式的升级换代。比如传统舞台美术与多媒体技术结合形成的视觉效果使人目不暇接，由此创新形成的实景文化旅游演艺节目吸引了众多游人，各地游人纷至沓来。以有"上海演艺产业名片"之称的《时空之旅》为例，从2005年9月首演至今，天天上演，演出场次近2000场，票房过亿元，其成功之处是在传统杂技基础上，运用多媒体声光音响技术，融合现代音乐舞蹈，并打出"秀一个上海给世界看"的主题，巧妙融合各项艺术元素，营造出绚丽的多媒体效果，实现了"艺术与技术共融，传统与现代对接"，让人震撼于现代高科技和文化结合的魅力。

文化创意产业通过美学符号的诠释，既塑造了区域文化的个性，也增强了城市的文化吸引力。文化创意产业与旧城区改造形成有机互动，有利于历史文化遗产的保护和城市文化品位的提升。一方面，通过保留具有历史文化价值的建筑，可以避免城市文脉的中断，使得历史与未来、传统与现代、东方与西洋、经典与流行在这里交叉融会，为城市增添了历史与现代交融的文化景观，给人以城市的繁华感、文化底蕴的厚重感和时代的生机感；另一方面，孕育了新的产业业态，避免了产业的空心化，对城市经济的更新和持续发展，以及就业率的提高等产生了巨大的推动作用。上海目前近100个创意产业集聚区中，有2/3都是由20世纪中期上海工业大发展时建造的厂房、仓库改造而成的，比如M50、8号桥、田子坊、红坊等。又如，被列入"世界文化遗产名录"的中国澳门历史城区，保存了百年中西文化交流的历史精髓，展示了独特的文化魅力，而中国澳门特区的望德堂区仁慈堂婆仔屋最近经重新改造也成为创意产业区，这些文化创意空间将为澳门吸引更多的游客。

三、艺术与创意设计

文化创意产业最核心的内容就是文化与创意的相互融合。每一个创意经过长时间的积累之后就会成为文化，而文化在长期的发酵和酝酿之后就能够为创意提供生长的空气和土壤。如果说科技是现代文化创意产业的骨骼，那么艺术与创意就是文化创意产业的血肉和灵魂。

（一）艺术产业

文化创意产业在中国的发展备受关注，以艺术家群落为特征的"画家村"

作为文化创意产业的新形式在全国各地逐渐发展起来,这其中尤以北京的宋庄画家村和深圳的大芬油画村最为著名。据不完全统计,北京市通州区宋庄的艺术家数量已经达到 1000 多位,这里一年的艺术品交易额至少 2.5 亿元,且艺术家的作品大多是原创的。因此,2006 年北京市政府把宋庄列为文化创意产业集聚区之一。深圳大芬村因油画复制而闻名,现已发展为拥有画家和画工 8000 人左右的综合艺术产业区,2004 年被文化部命名为"文化创意产业示范基地"。大芬村生产的油画销往世界上的许多国家和地区。据统计,2004 年前,大芬村的油画主要销往美国。仅 2004 年一年,大芬村销往美国的油画总价值就高达 3050 万美元。

中国艺术产业的发展水平体现着中国文化创意产业的发展水平乃至中国整体经济社会的发展水平。随着我国经济水平的提高,人均收入的增加,会有越来越多的人加入到艺术品收藏者的队伍当中。在这些收藏者当中,有些人是出于欣赏的态度而收藏,有些人则是出于投资的目的,把艺术品作为一种投资理财对象来收藏。有数据表明,2004 年以来,个别投资品种半年的回报率高达 80%,艺术品收藏投资年回报率为 26%,超过了风险系数高的股票(15%)和房地产(21%)。在中国经济多元化发展的今天,越来越多的投资人开始调整自己的投资方向,中国艺术品市场成为投资人新看好的一块肥沃土壤。

(二)创意设计

设计业在文化创意产业中是顶级的一个行业,它的附加值在整个文化创意产业中也最为明显。从目前我国设计业的发展情况来看,它还有很大的提升空间。随着中国经济结构的调整,设计业势必会成为中国最新的经济增长点,因此国家对设计业的发展给予了高度重视。

第二章 传统文化创意产业的发展

第一节 景德镇陶瓷文化创意产业

陶瓷文化创意产业,是一个特殊的文化创意产业,是指以陶瓷文化资源为载体、以陶瓷文化为内容、以一系列创意活动为核心,促进生产和消费环节价值增值的柔性产业,具有高附加值、高文化内涵、高创意、高流通的特点,是一类具有广阔发展前景的文化产业。发展陶瓷文化创意产业对瓷都景德镇而言,具有极其重要的战略价值:它不仅是促进景德镇陶瓷产业转型和升级的重要途径,而且是传承和弘扬传统陶瓷文化的客观需要,同时也是全面提升瓷都文化软实力的关键举措。

一、景德镇陶瓷文化创意产业的发展现状分析

陶瓷文化创意产业的发展,相当程度上需依托陶瓷文化产业乃至陶瓷产业的发展,而在陶瓷文化产业及陶瓷产业的发展方面,景德镇目前可谓是既有优势亦有不足,而且呈现出优势发挥不明显、产业困境较突出的局面。这种态势构成了景德镇陶瓷文化创意产业发展的重要产业背景。

（一）景德镇发展陶瓷文化创意产业的优势

1. 丰富的陶瓷文化资源及配套的科技支撑

中国的制瓷历史源远流长，陶瓷文化博大精深，底蕴深厚。景德镇陶瓷文化更是千年沉淀的宝贵结晶，是集地方文化特色、各个时代特征、前沿文化时尚、先进工艺水平和美学思想等诸多因素在内的景德镇特色传统文化，尤其在制度文化、器物文化、装饰文化、工艺文化和与陶瓷行业有关的民风民俗等方面最为突出。在瓷都景德镇，千年不息的窑火，博大宽容的陶瓷文化性格、海纳百川的陶瓷文化胸襟，给现代陶瓷产业的发展留下了瓷韵空灵的地方特色、珍贵的制瓷技艺和丰富的陶瓷历史遗迹及浓郁的文化气息。在陶瓷文化资源方面，据调查统计，景德镇目前拥有国家级历史文物保护区5片，文物遗迹达1500余处，文物保护单位98个，是世界任何产瓷地和窑口无法比拟的，是世界上唯一保存完整的官窑遗址和"地下瓷都"。陶瓷文化资源的开发与利用，必须借助专业机构和技术资源的支撑。在这方面，景德镇也具有相当的优势。景德镇拥有众多的国家、省、市等各级各类专业科研机构（如陶瓷研究所）和我国唯一一所陶瓷高等学府—景德镇陶瓷学院。国家日用及建筑陶瓷工程中心也落户于此，整体上陶瓷科技资源优势明显，具备了发展陶瓷创意文化产业的技术支撑力。在陶瓷文化与科技人才方面，得益于历史悠久的制瓷历史和自成体系的人才培养体系，景德镇也具有较好的人力资源基础。科学技术与人力资源方面的配套，为景德镇陶瓷文化资源开发和利用提供了有力的支撑。

2. 难得的产业发展契机

近年来，在宏观政策方面，景德镇陶瓷文化创意产业迎来了诸多难得的机遇。首先，国家的"十二五"发展规划推出了《文化产业振兴规划》，明确提出"推动文化产业作为国民经济的支柱性产业"的要求,为国内文化创意产业的发展提供了良好的政策环境。对于景德镇这一陶瓷文化资源深厚的资源枯竭型城市而言,通过产业转型成为以陶瓷文化产业为支撑的创新型城市,已是现实的出路。而陶瓷文化产业的发展,将为陶瓷文化创意产业的发展提供良好的产业"腹地"和生态支持。其次,《鄱阳湖生态经济区发展规划》经国务院通过,意味着发展生态经济已成为江西省环鄱阳湖地区的经济发展战略。该《规划》明确提出:"瓷都景德镇要大力发展陶瓷文化创意产业。"对景德镇产业结构调整的定位将会为瓷都陶瓷文化创意产业的发展提供现实的政策机遇。最后,经过多年的努力,每年一度的景德镇国际陶瓷博览在海内外已初具影响,为景德镇陶瓷文化创意产业的发展提供了一个极佳的展示和交流平台。

(二)景德镇发展陶瓷文化创意产业的制约因素

在陶瓷文化创意产业的发展方面,虽然景德镇丰富的陶瓷文化资源和配套的科技与人才优势为产业发展提供了良好的资源条件,但在陶瓷文化创意产业的核心(即创意)方面却存在着明显的劣势。此外在产业发展主体、产业环境和人力资源方面也存在诸多不足,这些因素的综合作用使得目前景德镇陶瓷产业的发展困难重重。作为陶瓷文化创意产业的外围产业依托,景德镇陶瓷产业的发展困境将会直接影响到陶瓷文化创意产业的发展。

1. 产业主体——陶瓷企业方面的不足

陶瓷文化创意产业同陶瓷产业联系紧密,尤其在人力资源方面,二者具有明显的共享性。陶瓷产业是发展陶瓷文化创意产业的核心产业依托和重要产业支撑。因此,陶瓷产业内的企业往往也是发展陶瓷文化创意产业的重要主体。

（1）陶瓷企业发展理念比较落后

科学的发展理念是发展文化创意产业的重要基础，然而景德镇陶瓷企业却难以抛弃因循守旧、缺乏创意的顽疾。首先，景德镇存在大量的小作坊，而这些小作坊"各自为政""因循守旧""不思变通"的生产理念根深蒂固，使得景德镇陶瓷产业结构单一，互相独立，缺乏联系，难以形成大陶瓷文化创意产业格局。其次，从20世纪90年代初的陶瓷企业改制至今，受落后的发展理念的影响，改革力度似有似无，导致陶瓷文化产业群的建设一直流于口号，使得景德镇在中华人民共和国成立以来在陶瓷规模化、产业化上的优势消失殆尽。最后，长期忽视文化力对经济发展的促进作用，导致了创意陶瓷和富有文化内涵的陶瓷仅仅停留在了艺术瓷上，日用瓷的千篇一律，重复生产及几近于零附加值的"多多益善"观念极大地冲击着景德镇的金字招牌。总之，对于文化积淀深厚的景德镇而言，文化资源从来不是问题，而缺乏文化创意和创新意识则是制约景德镇陶瓷产业发展的根本因素。

（2）陶瓷企业创意人才资源断层、缺乏和流失

人是生产力中最活跃的因素，人才资源是第一资源，人才资本是文化创意产业最核心的生产要素。景德镇陶瓷文化创意产业的发展却面临着创意人才断层、缺乏和流失的三大难题。

首先，年龄断层日益凸显。有着深厚的制瓷底蕴的优秀传统艺人因找不到传承弟子而使民间工艺濒临绝迹，诸多具有景德镇地方特色的制瓷手艺的传承出现了严重危机，年轻人才青黄不接问题日益凸显。据调查显示，目前陶瓷创意文化产业设计的从业人员近八成年龄在50岁以上，30岁以下的则很少，存在严重的断层现象。

其次，陶瓷企业创意人才资源缺乏问题愈发严重。虽然在景德镇不乏各类大师，甚至有相当一部分的国家级大师集聚景德镇，然而他们仅仅局限于

个体创作。各陶瓷企业对创意人才的挖掘和组织也不充分，许多当地优秀的民间艺人遭遇埋没。此外，各陶瓷企业缺乏既通晓创意产业内容又擅长经营管理、掌握营销知识、熟谙市场规律的管理者，缺乏既充满灵感、创意迭现又能把创意转化为商品价值的创作者。而创意从作品到产品再到商品以及市场渠道亟须这种管理者和创作者的交流合作。

最后，陶瓷企业创意人才资源流失现象难以遏制。各陶瓷企业树立的人才观念不科学，以及人才待遇水平低下，这些现实问题皆使得原本就很缺失的创意人才更加难以挽留，创意人才流向东部及沿海地区的现象难以得到有效解决。

（3）产业内"龙头"型企业的缺乏

景德镇陶瓷虽久负盛名，享誉海内外，但却未形成具有品牌优势的陶瓷龙头企业。而一种产业的兴起与发展，特别是文化创意产业的发展，相关龙头企业的带动力至关重要。虽然景德镇目前已出现了以颜色釉为特色的建国瓷厂、以青花为优势的人民瓷厂以及以玲珑闻名的光明瓷厂等一批优秀企业，但是这些企业与"龙头"二字相距甚远，真正具有鲜明的品牌优势、市场优势、经济效益优势，能强有力带动景德镇陶瓷产业发展与产业转型升级的陶瓷龙头企业尚未形成。与此同时，目前景德镇的产地效应仍然没有更好地上升到品牌的程度，"景德镇制"反而让企业的发展停滞不前。由于缺乏龙头企业的带动，原本就规模偏小的景德镇陶瓷企业对市场的适应能力愈发微弱，缺乏市场渠道、"会做不会卖"的尴尬现象也严重制约了景德镇陶瓷文化创意产业的发展。

（4）陶瓷企业融资极度困难

由于文化创意产业存在资金投入风险较大，投资回报周期较长，经济效益和社会效益的评估缺乏一定标准等一般性特点，陶瓷文化创意产业的银行贷款困难重重。而景德镇陶瓷的陶瓷企业还存在规模较小，投资主体比较单一，竞争力不强等特殊特点，于是融资难题成了必然的结果。而到目前为止，景德镇仍然没有出现一家陶瓷上市公司，无论是政府、银行，还是市场，都难以筹集资金。融资的极度困难成为制约景德镇陶瓷产业发展的重大瓶颈。

除此之外，景德镇陶瓷企业还存在自身知识产权保护意识淡薄的不足，国有陶瓷企业不可避免地存在着所有国企都面临的体制、机制、冗员、债务等因素构成的困局，这些内因极大地制约着景德镇陶瓷文化创意产业的形成和发展。

2. 产业环境的问题

（1）基础薄弱的经济环境

与其他省市以及国外的创意产业相比，景德镇发展陶瓷文化创意产业存在自身的特殊性，即经济水平和工业化水平较低、城市化水平滞后。经济水平较高的城市能为文化创意产业的发展提供完善的基础设施、便利的交通条件、丰富的人才资源。陶瓷文化创意产业的良性发展、企业自主创新能力的提升离不开城市的现代金融业、现代服务业、高新技术产业的紧密配合、渗透互动。

（2）严重枯竭的优质瓷土资源

经过千年的开采制瓷，景德镇陶瓷企业赖以发展的优质瓷土资源已经陷入了枯竭的困境。2008公布年的国家资源型枯竭城市，景德镇作为一个地级市榜上有名。公布没有使用价值的尾砂和采矿坑洞遗址反映了景德镇瓷土枯竭的残酷现实，成为了景德镇陶瓷产业的一道伤疤。优质瓷土的枯竭削弱了陶瓷企业瓷土资源的自给能力，加大了企业生产成本。而发扬以枯竭的资源所承载的陶瓷文化，发展陶瓷创意文化产业，成了刻不容缓的任务。

（3）知识产权方面的瓶颈

文化创意产业的真正核心在于企业的自主创新能力，而对知识产权的保护就是对企业以及创意人才创造力和创新能力的保护。陶瓷文化创意产业的核心价值是陶瓷创意成果。完善的法律保障体系对于陶瓷文化创意产业的发展有着难以替代的保护作用。然而，目前不够完善的法律保障体系特别是知识产权保护体系的不完善使得世界陶瓷市场上仿冒、盗用景德镇艺术瓷独特外观设计、大师名作和知名商标品牌的案件屡见不鲜。侵权手法的层出不穷，严重阻碍了景德镇陶瓷文化创意产业的发展。

二、创意产业发展给陶瓷产业带来的机遇

创意产业提倡"原创"和"知识产权"的新型产业形态在我国兴起，必然给我国陶瓷产业带来新的活力和生机。

（一）政策和经济支持

政府为推动创意产业的发展而出台的相关优惠政策和设立的专门的主管部门，可以为陶瓷文化产业的发展提供政策和经济支持。我国的各中心城市出台了各种鼓励创意产业发展的优惠政策，设立专门的管理机构和专项的发展基金。陶瓷产业作为创意产业的一份子，当然也同样享受了政府关于鼓励创意产业发展的各项优惠政策，同时还可以申请政府发展创意产业的专项资金推动自身的创意发展和技术、人员改造。

（二）知识产权法案的完善推动陶瓷产业赢利模式的科学化

发展创意产业，有关知识产权相关法案的出台，有利于陶瓷产业的纵向延伸，打造层次更丰富、内容更完整的陶瓷产业链，从而推动陶瓷产业赢利模式的科学化。创意产业的发展和壮大是以完整的、完善的知识产权保护体系为基础的。一方面我国由于多年的历史和经济原因，知识产权法案一直不

完善，建立完整的、完善的适合我国经济发展实际情况的知识产权法案，已经成为我国推动创意产业发展的前提条件。国家和地方的知识产权事业发展规划的出台和知识产权保护法的制定，将为我国陶瓷产品的生产、加工、出售提供强大的认证和保护体系；另一方面，强调知识产权的保护，有利于强化我国陶瓷企业自身的知识产权保护意识，降低陶瓷企业相互克隆、抄袭的风险。

(三) 创意阶层的兴起为陶瓷产业提供新型人才

创意产业的高速发展依靠创意人力资本的投入产出和创意阶层的崛起。文化经济学家理查·弗罗里达在《创意阶层的崛起》一书中认为，在美国，社会分化成四个主要的职业群体：农业阶层、工业阶层、服务业阶层和创意阶层。创意阶层包括一个"超级创意核心"，这个核心由来自从事科学和工程学、建筑与设计、教育、艺术、音乐和娱乐的人们构成，他们的工作是创造新观念、新技术和（或）新的创造性内容。除了这个核心，创意阶层还包括更广泛的群体，即在商业和金融、法律、保健以及相关领域的创造性专业人才。这些人从事复杂问题的解决，而这包括许多独立的判断，需要有高水平的教育和技能资本。

目前制约陶瓷文化产业发展的最大因素之一就是缺乏既懂陶瓷，又懂经营的复合型创意人才。我们有理由相信，通过创意产业的发展，创意阶层的涌现，必然会为我国陶瓷业带来大量的既懂陶瓷又懂经营的复合型创意人才。

(四) 创意产业的发展有利于我国陶瓷产业树立自身的品牌

创意产业的发展，有利于陶瓷文化产业树立自身的品牌，由同质化的恶性竞争，向个性化的良性竞争发展。随着创意产业的发展，企业的竞争已从单纯的产品竞争转化为更高层次上的品牌的竞争，同时由于知识产权的保护日益到位，企业品牌所具有的溢价效应就能够在无须增加成本的情况下获得更大的价值。而陶瓷文化产业随着创新意识和创新能力的提高必然会走上个性化的品牌竞争的道路。

三、景德镇陶瓷文化创意产业的发展策略构想

在对景德镇陶瓷文化创意产业发展所具有的优势和劣势分析的基础上，提出陶瓷文化创意产业的发展的策略构想。

（一）树立正确的发展理念

陶瓷企业应转变因循守旧的落后理念，坚持以科学发展观为指导，切实提高文化创意和创新意识，着力加强小作坊之间的相互联系，充分发挥文化创意对经济发展的促进作用。

1.切实提高文化创意和创新意识

要切实提高文化创意和创新意识，树立"发展陶瓷文化创意产业，发展瓷都陶瓷产业"的理念。陶瓷文化创意产业以陶瓷资源为载体，以文化资源为内容，以一系列创意活动为核心，其理念与传统的陶瓷制造业发展理念、思维路径和管理经验有着很大的不同。其显著特点便是把陶瓷文化创意变为现实财富，把相关知识变为具体的生产力。提高对发展陶瓷文化创意产业重要性和迫切性的认识，要求陶瓷企业进一步解放思想，转变观念，学习和掌握文化创意产业发展的一般性理论、战略、策略、成果、经验、方法和措施，并结合陶瓷文化的自身特色，在实事求是的基础上发挥主体的文化创意和创新意识，以文化内容、创意成果来实现陶瓷产品的价值附加，以及从创意到

财富的转化。

2. 着力加强小作坊之间的相互联系

要着力加强小作坊之间的相互联系，促进大陶瓷文化创意产业格局的形成。景德镇特色的小作坊应该彻底转变"各自为政"的发展理念，要充分认识到，闭门造车或者只是专注于自身作坊某些工艺、日用陶瓷的精益求精难以从质的方面全面提高小作坊的文化创意能力，难以实现大陶瓷文化创意产业格局。发展陶瓷文化创意产业不仅要加强各个作坊之间的文化、技术交流，形成良性互动，还要充分认识到陶瓷文化创意产业是聚规模化、艺术化、产业链条化于一体的产业体系。

3. 充分发挥文化力对经济发展的促进作用

要合理利用博大精深、底蕴深厚的景德镇陶瓷文化，充分发挥文化力对经济发展的促进作用。陶瓷企业应切实转变忽视文化力的不科学理念，抛弃依赖政府的落后思想，充分利用这些宝贵的物质与非物质文化遗产，大力提高艺术瓷特别是日用瓷的文化内涵和艺术价值，大力发展创意陶瓷，顺应时代发展潮流，把握市场消费需求，开发设计出符合市场需求、具有自主知识产权、有核心竞争力的陶瓷产品，提高陶瓷产品的附加值，增强产品的竞争力，走以质取胜的道路。

（二）构建景德镇陶瓷文化创意产业体系

一个产业的健康发展，必须依赖于较为完整的产业体系。作为一种新兴的文化产业，景德镇陶瓷文化创意产业的发展，目前仍亟待建立起完整的产业体系。而产业体系的构筑，往往需要从整合相关的产业要素开始。

1. 人才体系的构建

景德镇陶瓷企业创意人才资源的断层、缺乏和流失问题比较严重。为了解决这一问题,首先,政府应重视创意人才的培养,实施相应的政策鼓励年轻人学习优秀的传统制瓷手艺,并把这些传统技艺与时代相结合,提高文化创意能力,促进创意阶层的形成。其次,以景德镇陶瓷学院等高等学府为代表的高校教育、专业教育和其他科研机构应开设艺术管理专业,培养一批高质量的既通晓创意产业内容又擅长经营管理、掌握营销知识、熟谙市场规律的管理者,既充满灵感、创意迭现又能把创意转化为商品价值的创作者,甚至是既精通管理又精通创造的复合型人才。最后,陶瓷企业应该坚持以人为本,提高创意人才的待遇以吸引高素质的创意人才,避免创意人才难以挽留的尴尬情况持续发生,影响本地区创意资源的整体素质的提升,要使人才资源充沛和经济持续发展形成良性循环。

2. 政府政策支撑体系的构建

景德镇市政府应进行科学规划,发挥产业政策、产业规划的导向作用,构建比较完善的陶瓷文化创意产业政策体系,提出明确的产业布局、规模标准、重点建设项目等要求;在财政、税收、金融方面给予景德镇特色的小作坊式生产鼓励和支持,有意识地把个别颇具实力的企业培养出具有影响力和带动力的龙头企业,对龙头企业和小作坊进行组织、领导,形成以龙头企业为首,各小作坊通力合作的以点带面的景德镇陶瓷文化创意产业群,从而形成有利于各种资源整合的产业发展格局,提高景德镇陶瓷产业抵御市场风险的能力以及文化创意和创新能力,推进景德镇陶瓷产业发展。

3. 投融资体系的构建

投融资体系是一个涵盖政府、金融机构、创意企业和投资者等相互影响、相互作用的系统。由于文化创意产业本身固有的特点,景德镇陶瓷文化创意企业融资困难的解决将是一项长期的、艰巨的任务。首先,政府应设立专项资金，对陶瓷文化创意产业的重大项目进行力所能及的资金资助，提供专业的咨询建议。如设立陶瓷文化创意产业技术和艺术发展基金，以推动陶瓷企业的创新；给予陶瓷文化创意产业的企业一定的税收优惠，以吸引更多的企业加入到文化创意产业中。其次，金融机构的贷款与吸引民间资本也不容忽视，但是由于文化创意产业周期性长、收效慢等特点，贷款的提供机构以及投资者要擦亮眼睛，看准真正的"潜力股"，有效促进景德镇陶瓷文化创意产业的发展。

4. 陶瓷文化创意产业集群体系的构建

景德镇应整合城市规划资源，大力调整产业结构，发展现代金融业、现代服务业，打破产业和产业之间的限制，加强各个产业间的联系，相互促进、共同发展。要加强城市基础设施建设，为陶瓷文化创意产业集群的构建提供有效的信息服务和技术服务，形成成熟的产学研相结合的陶瓷文化创意产业体系。

5. 知识产权保护体系的构建

知识产权是文化创意产业生存和发展的关键所在，对原创性的承认和保护，其实就是尊重和承认个人创造力的价值。因此，在陶瓷文化创意产业发展过程中，需要有知识产权保护体系来不断激励创造活力，来实现陶瓷创意成果的市场价值，从而提供良好的制度环境。政府应构建知识产权保护体系，加强陶瓷文化创意产业的知识产权保护，鼓励陶瓷创意文化产业自主创新形成的成果及申请、注册相关权利。同时，陶瓷行业协会应起着积极的沟通作用和正确的引导作用，使创意者的个人知识产权得到有效保护。只有通过完善知识产权保护政策，保障陶瓷文化创意企业和个人的创造性劳动及其合法权益，才可以为陶瓷文化创意产业发展提供有效的保障。

第二节 茶文化创意产业

茶文化是我国传统文化的优秀代表。在几千年的发展进程中,茶文化体现出丰富的思想内涵和文化底蕴,被人们赋予了深刻的情感审美价值。茶文化与多个学科和艺术都有交集和融合,但总体来说,茶文化始终处于边缘化的位置。尽管如此,茶文化的影响力还是十分广泛的。作为文化形态的一种,它为产业发展提供了有力的保障。茶文化的优势在于它以茶为核心,通过树立茶品牌,提升茶品牌知名度,推动茶叶销售,提高茶农经济效益。文化与产业发展之间的关系为创意产业发展提供了重要条件。从当前社会发展状况来看,创意已经成为重要的发展推动力。由于不同历史文化背景及社会风俗习惯的不同,也造成了对创意产业的解释有所不同。但是,可以肯定,创意产业已经成为先进经济的重要组成内容。文化创意产业主要体现出三个特点,即文化符号性、企业与消费意愿关联性、创意群体性。茶文化属于文化范畴,而将茶文化的经济功能纳入文化创意产业中是当前经济发展的创新尝试。茶文化具有文化性和产业性,这也是茶文化区别于其他文化产业的原因之一。

一、茶文化创意产业的发展背景

在全球经济一体化发展的大背景下,文化创意产业得以诞生和发展,并使文化与经济之间的结合更密切,对社会经济发展产生了更突出的贡献。

(一)文化创意产业的形成性

文化创意产业的形成原因之一是经济的文化性,可以说,企业的文化发展是其经济发展的重要组成之一。茶文化作为企业中的一种组成因素,与企业经济活动相结合，推动经济增长。例如我国知名茶叶西湖龙井，早在20世纪90年代初，西湖龙井为了开拓更广阔的市场销路，企业选择在西湖游轮上向游客展示龙井茶艺，这一创意也成为茶业界的代表。在企业经营过程中，茶文化始终处于从属地位，但是可以肯定的一点是，茶文化对文化创新和经济发展都有重要的影响和推动作用。在茶文化越来越成为茶产业发展的重要依托时，仅将茶文化作为企业经济增长的行为纳入茶文化创意产业是毫无意义的。虽然文化创意产业的形成与企业茶文化密切相关，但是茶文化仍然属于一个独立的发展领域。

（二）文化创意产业的组成因素

文化创意产业的组成因素之一是文化的经济性，即将文化进行再创造以实现其经济效益。就茶文化来说，自中国国际茶文化研究会成立以来，茶文化成为一个独立的研究内容，由此，茶文化也开始了独立的产业发展策划，使茶的角色发生了改变，进而发展出一种以茶为主的消费模式。同时，进一步发展茶文化工作群体，导致各种茶文化人才培养机构也越来越多，人们从茶文化开发研究中创造了更丰富的社会价值和经济价值。从茶文化产业运作来看，茶文化的经济价值更多地强调其自身的创新点，以引导新的消费。

文化的经济性之所以形成了文化创意产业，主要取决于两方面因素。首先是社会背景因素。随着现代社会发展步伐的加快，高等教育逐渐普及，大众文化交流越来越广泛，对于文化的认知与理解逐渐深入，有效地促进了文化经济性的产生和发展。其次是现代服务业的快速发展，有效地促进了文化经济性的产生发展。现代服务业的典型特征是将一些服务环节从工业生产中脱离出来，促进了文化经济性的发展。文化创意产业发展与进步的前提是文化经济的发展，使服务业与社会需求之间的关系更加明确，有效地促进了文化创意产业的进一步发展。文化与经济都是文化创意产业发展的重要支撑和依托,二者互为促进、共同发展,为文化创意产业发展提供了生存和发展的基础。

(三) 茶文化创意产业的发展条件

在现代服务业发展和社会需求的背景下,茶文化的经济性对茶文化创意产业要求的满足主要体现在以下几方面。首先,茶文化的分享与消费的普及,所涉及的领域也十分广泛,涉及社会生活的方方面面。茶文化的哲学思想展现得更加突出。其次,茶文化创意的独特性使大众消费模式发生了改变,不仅极具创新性,获得了高收益,而且也对茶相关产业的发展有较大的影响力。由此可见,茶文化在满足人们物质文化需求的同时也有效地改变了社会生活方式,使文化得到创新。最后,茶文化产业从业人员不断增多,取得了较大的成效。茶文化人才培养范围也在不断扩大,使茶文化创意人群形成了初级规模。由此可见,茶文化的内涵性表现得越来越明显,与茶文化创意产业之间的关系也越来越密切,茶文化的发展也呈现出一个独特的形态。茶文化对经济发展的贡献主要体现在三个方面。首先,茶文化会依靠自身开展丰富多样的经济活动,促进茶文化商品与服务之间的融合发展,例如茶文化旅游产业的发展等。其次,茶文化商品得到广泛推广和传播,不仅有效扩大了商品的经营范围,而且提升了茶文化地区的品牌。最后,茶文化创意产业不仅推动了服务业的分工发展,有效地促进了茶产业竞争发展,同时也为其他产业的发展提供了借鉴,丰富了整个社会的经济发展服务。

二、茶文化创意产业的经济特征

从社会经济发展研究来看,知识密集型服务业成为经济增长的重要内容,主要表现为经济价值正在向非物质化方向发展。茶文化创意产业正是其重要代表，对经济增长有着重要的影响意义。例如，一般企业所生产的茶叶，价值往往在每公斤几十元到几百元，而如果该企业所生产的茶叶冠名了某知名品牌茶，每公斤的价格则会上升至几百元甚至上千元，大大提升了茶叶的价值，也使企业获得了更丰厚的经济利益。因此，茶文化的传播与策划越来越成为社会经济发展的重要影响力，它不仅集产业化与文化性于一体，积极发展自身产业，同时也被赋予了一定的附加值，并从中获得更丰厚的利益。从以上分析可以看出，文化创意的融入，使产业经济得到了更多元化的发展，而不再局限于某一个企业的发展。文化通过区域性、历史性的传播使社会经济发展更加具体化，创造的财富更加可观。我国一些地区也充分认识到了文化创意产业发展的重要性，一些地区对本地的茶叶品牌进行开发建设，使其与经济发展相联系，树立了知名的茶叶品牌，也使得该地区的茶叶产值不断攀升，经济效益十分明显。从这些地区的茶文化产业发展状况可以获得几方面的经验：首先，为了树立茶叶品牌，将深刻的茶文化内涵与之相结合，使茶叶体现出绿色环保的生态价值，茶叶的各项指标都符合要求，使茶叶品牌体现更深刻的文化思想内涵。此外，通过借助文化概念推广和传播茶叶品牌，通过茶艺等形式丰富茶叶内容，使茶文化得到艺术的体现和精神的升华。当茶叶品牌获得大众认可并深入人心后，就可以进一步培养目标消费者，使他们对茶产品有更多的文化理解和信心，不仅使产品销售更进一步，同时也更好地普及了茶文化。其次，茶文化创意产业是一种非物质化的文化形态，其核心在于知识的认定与传播，在传播过程中，文化的生产者需要具备较强的文化能力，使茶文化的质量和数量得到有效体现。在具备茶文化知识能力的基础上能够进行创新，了解消费者的需求，并提供相应的技能，以一定形式来体现对文化资本的占有，以实现文化创意产业的高收益。最后，茶文化中所体现的文化内涵普遍受到大众的认可和接受，通过不断地延伸，可以使茶文化与其他文化进行对接，以茶文化创意为契机，提升其他文化知名度，例如茶文化旅游、民俗文化等，进而实现综合经济效应，使茶区的发展更加现代化。此外，茶企业之间的联系也越来越紧密，一些企业之间形成了链接，网络化的企业组织模式逐渐形成和发展，彼此之间的竞争力越来越强，有力地促进了经济发展模式的改变以及茶文化创意产业的发展。

三、茶文化创意产业的核心

茶文化创意产业的核心是文化。首先，文化是符号与精神的统一与传播，但不是所有文化都能够在创意产业中得以应用。随着社会的发展和进步，大众的消费与文化之间达成了共识，文化逐渐影响和决定了消费，大众购买方向、购买方式也正在受到大众文化的影响。文化符号和媒介形象正在决定着人们的真实感受。大众也不再被动地接受某些文化产品，而是能够从自身需求出发，从众多的文化中获得属于自己的一种。其次，大众文化的实践与主流文化密切相关，从文化角度来看，主流意识下的态度表达对大众文化的消费有积极的影响。除了主流文化，社会文化也是其存在和发展的基础。文化创意产业有的是实物，例如茶叶，中国是茶叶生产和出口大国，有着丰富的茶文化历史，大力挖掘茶文化内涵，发展茶文化对于茶产业有着积极的推动作用，能够有效提高茶叶经济效益。在茶文化创意产业发展中，茶文化历史、茶文化创新发展等内容都是其发展的必备条件。最后，茶文化的载体是商品。以生活方式作为平台，使文化与茶叶相结合，实现茶文化创意，提升茶叶需求与经济效益之间的有效互动。大众对文化的普遍认同感是和谐、美好，茶文化正是具有这种精神价值的生活方式，它以茶为载体，体现了深刻的思想情感，并将中国传统文化内涵通过这种生活方式传达出去，以茶展现了人们的生活意义。茶文化创意有着强大的生命力，它属于社会各个阶层，是人们物质与精神的融合和享受。文化创意为人们提供了丰富的精神需求，是现代社会经济发展的必然产物。茶文化创意产业正在与其他创意产业不断地融合发展，延续着文化的无限创意。随着茶文化创意产业的不断发展，它将不断成熟，在不断的实践中得到积极深入的研究和发展。

四、文化创意促进茶产业发展的路径

（一）文化创意产业形式改变茶业经营方式

随着社会经济的发展，人们生活水平的逐渐提高，人们对于休闲方式和消费方式的要求也越来越体现出高品质化。传统的茶叶经营模式——自产自销，已经不再能满足广大消费者各式各样的消费需求。面对消费市场与生产者之间的矛盾，茶业经营者要抓住消费者的心理，将文化创意与茶叶经济结合起来，让茶叶经济向着多元化的模式发展。要敢于打破传统茶业经营框架，根据自身的特点和经济发展的方向以及消费者的需要，利用文化创意这一有利元素，促进经营方式的改革和完善，从而推动茶叶经济的发展。

（二）文化创意有效地促进茶产品进行创新

1. 茶饮食创新

当前茶叶经济的发展是要发展茶产品的样式以满足消费者的心理需求，进而刺激消费。比如说茶叶饮用品种就分为散装、精装、真空包装等，甚至还有罐装的茶饮料以及珍珠奶茶。伴随着茶叶引用样式的多样化，各种各样的茶点心，比如甜点或者蜜饯一类的都成为人们在饮茶时候的休闲食品。这些元素的添加，为茶饮食注入了新的活力，成为茶叶经济发展中一道独特的风景。这期间体现出来的别致创意，就是文化创意的体现，既让茶叶的价值得到提升，也促进了消费，达到了获取经济效益的目标。

2. 茶具创新

俗话说："工欲善其事，必先利其器。"不同的消费者对于茶叶的消费观念是不同的。有些消费者熟知茶文化，对茶具也就存在一种特殊的消费心理。陆羽在《茶经》里面记载了关于饮茶的二十多种器具，如果在茶产业经济发展的过程中，将每一种器具都进行创新，那么，由茶具带动起来的茶叶经济发展将又是一个很大的空间。有的茶叶生产商在进行茶叶经营时，在饮茶的器具上面做了一些创新，比如在茶壶上刻上道家名言或者利用紫砂茶壶的一些性质展示中国茶文化的博大精深，满足消费者对于茶文化需要了解的心理，给他们带去茶叶商品的同时，也给他们带去了心灵上的人文感受。

（三）文化创意推动茶叶产品的生产

文化创意具有推动产品制作改进的作用，在我国的茶业经济发展中，六种茶叶的生产制作都是根据各自的品质和制作工艺来区分的，随着市场经济的发展，许多商家为了迎合消费者的心理，将两种茶叶的优良品质在加工制作时进行糅合，使得茶叶的品质得到有效的提升，使生产出来的茶叶具有多种茶叶的特点，进而在市场消费中占据一定的分量。因此，茶叶经济的发展要想取得市场竞争中的胜利，就必须打破传统，根据消费需要以及市场发展，不断利用文化创意进行创新，研发出更多新的茶叶产品，推动茶叶经济的发展。

五、创意产业与传统茶产业融合发展的意义

创意产业与传统茶产业的融合发展，从根本上说，是创意产业向传统茶

产业的渗透，增加传统茶产业文化内涵的过程，与此同时，也是推动创意商品化和产业化发展的过程。所以创意产业与传统茶产业融合发展，具有多方面的意义。

（一）转变增长方式，促进经济全面发展

创意产业与传统茶产业结合，一方面，有助于大幅度提高传统茶产业产品的文化含量，进而提高茶产品附加值，特别是推动传统茶产业向高增值产业升级。比如说，茶叶不仅仅可以作为一种初级农副产品，它还可以通过深加工转化为工业产品，拥有更广阔的市场，茶叶深加工还是解决我国中低档茶叶产生良好效益的根本出路。2010年，我国的茶叶深加工领域采用不到茶叶总产量5%的中低档原料，创造了300亿元人民币的产值，占中国茶叶年总产值的三分之一，这是很有说服力的。当然，就目前情况看，我国的茶叶深加工产品的利用还远远不够，茶叶转化为工业化产品才刚刚起步。茶叶中含有丰富的有效成分，将其运用到食品、化妆品、日化、医药等领域，让更多的消费者去感受茶的魅力，是茶产业迫切需要解决的问题。另一方面，有助于提高消费中文化的含量，推动消费方式的转变和消费结构的升级。以饮茶为例，饮同样的茶，在家饮茶、在一般茶楼饮茶、在高档茶楼饮茶，消费的付出会随之成倍增长，原因就在于越是高档茶楼，它所体现的创意越丰富，它为消费者提供的环境越优越、品味越高。由此联系到我国现有大大小小茶馆五六万家，但年销售额仅几十亿元，需要提升；刚刚起步的茶文化教育培训、茶餐饮业、茶礼仪服务等，需要消费者进一步认识；处于终端消费的服务业，对于宣传茶文化、促进茶产品的消费，具有直接的推动作用，需要加强。这些都离不开创意及创意产业的作用，同时也体现出创意产业与传统产业融合发展的广阔前景。

（二）提高社会效益，促进经济协调发展

传统茶产业是通过在茶乡生产茶叶，然后将产品销往市场提供给消费者购买消费。由于有了"茶家乐"这样的创意，促使顾客改变了传统的消费方式，即由居住地购买消费变成异地前往消费。在这种情况下，首先，顾客消费就不再只是购买茶叶，茶农也不再只是生产茶叶赚钱。其次，"茶家乐"的推广，一是增进了城乡之间的交流与融合，缩小了城乡之间的差距；二是把茶农培养成市场经营的主体，增强了他们的市场意识、开放意识，培育了农村的造血功能；三是为乡村带来了经济活力，增强了茶乡建设的实力，因而有利于促进茶乡基础设施建设和文明建设。

我国是"茶的祖国"，有丰富的茶叶资源和茶文化底蕴，但作为产业，中国茶业在世界并不是很强的产业，这与我们思想观念有一定关系。我们很看重茶的品种、面积以及人们饮茶的积极性，或者说我们将大量精力放在农特产品生产和加工上，却对真正体现服务的、美感的、文化的有关茶的文化产品缺乏敏锐感和创造力。当然这种现象也正在改变，如福建大田县茶叶局投资5亿元，在该县中吴山乡和洋村高速公路互通口创建"高山茶文化产业创意园"就是一个例证。

（三）塑造品牌形象，促进产品市场开拓

我们经常看到，创意产业往往与某些茶文化特征突出的地点紧密地联系在一起。这说明什么呢？说明茶文化是创意产业的依托。基于这样的原因，许多类型的茶产品在偏好各异的消费者眼里和特殊的地理位置联系在一起。西湖的龙井、黄山的毛峰、安溪的铁观音、云南的普洱等都带有这种声誉效应，成为人们公认或追捧的对象。这种公认或追捧都源于茶文化的品牌效应，

因为品牌就是机会，就是利益和成功的保证。

今天茶叶市场的竞争，已不仅仅是质量、价格的竞争，更主要的是品牌的竞争。在茶产业上与之不相适应的，现在仍然是牌子多、规模小、效益差的问题，因此要有强烈的品牌意识，有务实的品牌战略和塑造强势品牌的措施。在宜昌乃至湖北，现在提及茶品牌，人们都会马上想起萧氏茶叶、三峡茶叶、采花茶叶，因为它们是茶叶的首选品牌，而且这些品牌基本上已覆盖本市及其相邻的主要产区，各地都围绕这个品牌建设生产基地，使这个品牌成为的公共品牌。当然，塑造品牌形象，开拓产品市场，也要重视树立现代营销理念，培育专业营销队伍。

当下是知识经济发展的时代，茶叶产业的经济发展也要顺应时代的发展，利用知识为自己赢取更大的发展空间。知识经济在市场经济发展中给茶叶经济发展创造了良好的机遇，只有利用自身的优势与文化创意产业结合在一起，正确处理好茶产业经济发展中所遇到的难题，我国的茶叶经济才会得到更大的发展，并为社会经济的繁荣贡献出自己的力量。

第三节　湘绣文化创意产业

湘绣是带有鲜明的湘楚文化特色的民间工艺，为中国四大名绣之一。此后在漫长发展过程中，一些优秀画家参与湘绣技艺，将传统的绘画、刺绣、诗词、书法、金石艺术融为一体，形成了湘绣以中国画为基础的独特风格，其充分发挥针法的表现力，细致入微地刻画物象外形内质的特点，绣品形象生动逼真、色彩鲜明、质感强烈、形神兼备、风格豪放。

一、湘绣文化及其传承与创新

（一）湘绣文化渊源及艺术特色

湘绣是流传于湖南区域所特有的一种刺绣艺术，与苏绣、蜀绣、粤绣并称为中国四大名绣，并于2006年，入选第一批国家级非物质文化遗产名录。湘绣的历史可以追溯到春秋战国时期，在两千多年前的汉墓中就曾发现了大量的湘绣制品。以长沙为中心的湘绣发源地非常适宜桑蚕的生长，这里的人民用自己的勤劳和智慧发明了湘绣这朵艺术花朵，直到现在还可以看到一些那个时代流传的精美湘绣作品。

湘绣在数千年的传承与发展过程中，吸取了京绣、粤绣、苏绣等各绣系的不同优点，在明清两代达到了巅峰，成为清代手工艺刺绣艺苑的后起之秀。湘绣的发展延续了数千年，在不同时期产生的湘绣作品都有其独特的特点。与其他宫廷绣种不同，湘绣起源于民间，流传于湘楚大地，因而其作品中包含着大量的当地风土人情和民间百姓的生活场景，记录着湖湘大地的数千年历史变迁，因其所特有的刺绣手法和神奇多变的针法，以及丰富多彩的湘楚文化内涵，深受大众、文人墨客及收藏家的喜爱。湘绣是带有鲜明地域特色的地方绣种，在湖南民间手工艺刺绣的基础上发展起来，素来具有"绣花能生香，绣鸟能听声，绣虎能奔跑，绣人能传神"的艺术特点。传统湘绣具有质朴典雅的风格，其绣品形象生动、构图严谨、层次清晰。

（二）湘绣的独特针法与魅力

早期湘绣技艺在传承发展过程中主要深受苏绣的影响，其绣法与苏绣类似。而且早期出品的湘绣存在着色彩生硬、阴阳不分等问题。清末民初，李仪徽独创的掺针绣法开创了湘绣独特针法体系的先河，使得湘绣绣品具有了色彩鲜明、质感强烈、形神兼备的特质；鬅毛针则是现代湘绣大师余振辉首创的独特针法，是在接掺针（掺针法的一种）的基础上发展起来的一种创新针法，常用于刺绣狮虎皮毛，刺绣出的效果与动物真毛发无异。经若干年的发展与更替，湘绣的相关针法技术体系更加的丰富与完善，目前已经形成了5大类72种针法体系，这些针法为高品质的湘绣作品的呈现提供了基础与保障。

二、湘绣文化创意产业的兴起与发展现状

（一）影响湘绣发展的主要因素

1. 社会体制因素

20世纪90年代，大批湘绣企业为了获取国家提供的优惠政策，都在尝试改革和改制，具体方式包括卖厂、停产，等等。长沙县湘绣厂是第一个改制企业，长沙市湘绣总厂也在2003年改制成长沙市锦华丽湘绣有限责任公司，改制后老湘绣企业一夜之间就销声匿迹了。除原沙坪湘绣厂改制能保留下来并有所发展外，其他集体企业无一幸免。这次改革使得很多著名湘绣企业在市场上消失了。

2. 人才因素

湘绣文化产业属于劳动密集型行业，人才对于湘绣的发展至关重要。很多的工艺美术大师如周金绣、刘爱云、李凯云等，在改革开放之后纷纷涌现出来，这些大师为湘绣的发展做出了很大的贡献。但是，随着企业后来的改制，很多专业人才开始转行，还有一些湘绣研究人员因不满工作的待遇而选择跳槽，人才的严重流失给湘绣的发展带来了极大的负面作用。刺绣人才青黄不接，严重阻碍了湘绣的健康可持续发展。

3. 自身因素

20世纪80年代，湘绣文化产业的产品及种类还算比较齐全，比如当时的望城县湘绣厂以服饰等日用品为主；长沙县湘绣厂以中低端陈列品单双面绣为主；长沙市湘绣总厂集湘绣品种之大全，是业界的中坚力量，改制前仅生产西班牙披巾，市场年出口额就超过1000万元，全厂生产总值约2000多万元。虽然改制后大量下岗职工相继选择了自主创业，成了湘绣"个体户"，但是这些个体户的竞争力非常薄弱，无法与苏绣等抗衡。为了盈利，这些个体户纷纷成为苏绣的代理商，减少了湘绣的生产，甚至对湘绣的作品及工艺进行随意删减，严重损害了湘绣的品牌形象。

（二）湘绣文化创意产业的兴起

近些年来，随着非物质文化遗产的政策与产业发展，人们开始重新审视湘绣这种民间传统艺术的历史价值，深入研究湘绣的艺术价值，以及其中蕴含的艺术元素，并且把这些元素应用到非常多的生活用品和文化艺术作品之中，这种应用被称为湘绣文化创意。湘绣文化创意是基于传统湘绣艺术积淀，经创新创意设计开发出来的一系列文化创意产品，它涉及与湘绣相关的方方面面的产品，也是湘绣发展过程中的一种现代文化产品。在湘绣文化创意开发过程中，利用了湘绣的很多特有元素，使得人们可以通过这些文化创意产品了解湘绣所承载的湖湘历史文化，以"大众喜闻乐见的形式"传播了湘绣这一非物质文化遗产独特的艺术性，以及其中蕴含的丰厚的历史文化底蕴。

（三）湘绣文化产业的发展现状

湘绣因为是全手工制作，其制作成本居高不下，售价自然也很高，但是依然有很多人趋之若鹜。湘绣制成的装饰品和服饰都有着很好的销量，而且供不应求。湘绣文化创意产品近年也得到了政府和很多艺术家的重视，政府开始鼓励湘绣艺人与各类艺术家联合进行湘绣文化创意的创作，艺术家的介入使得湘绣这一传统民间刺绣工艺焕发出勃勃生机，具备了独特艺术性和创意性的湘绣文化创意产品，受到了市场的追捧，成为广大消费者的收藏品和馈赠友人的"省礼"。湖南省湘绣研究所因此于2014年被列入文化部第二批国家级非物质文化遗产生产性保护示范基地。但是，近两年湘绣文化创意产业的发展进入了一个瓶颈期，湘绣文化创意的开发设计也出现了一些问题，导致湘绣文化创意产业出现了停滞，产品销售也不顺利，这是湘绣文化创意产业所面临的严峻问题。

三、湘绣文化创意产业发展过程中存在的主要问题

有学者指出，现代社会的竞争，本质上是文化的竞争。传统文化的出路与发展是产业化，而文化特色与核心竞争力是一个行业能够在竞争中脱颖而出的关键。湘绣是湖湘文化的重要载体之一，其发展能带动整个湖湘文化的传播与发展。湘绣文化创意产业的发展是建立在文化与艺术相融合的基础之上的，但是，近些年来，湘绣的发展过程中也出现了很多的问题，影响着湘绣产业的健康发展。

（一）产品单一

现有湘绣文化创意产品的开发主要以工作室的形式存在，往往只有一两个工作人员从事相关设计活动，由于缺乏足够的资金和人才，也很难扩大生产规模，这就使得湘绣产业发展缓慢，无法形成大规模的产业。缺乏资金投入使得湘绣产品的研发进度缓慢，很多有创意的想法都因为没有资金的支持而无法投入实际生产。小作坊对于创新产品的开发能力不足，对产品的搭配

也有待提升，导致湘绣产品的选材比较狭窄，缺少特色与创新。

湘绣主要依靠手工制作完成，其加工模式多以家庭作坊为主，效率较低。这些小厂家生产的产品质量不稳定，经常会出现一些质量问题，又缺乏相应的售后服务。另有部分商家为了牟利，有意降低原料质量、缩短加工时间，也降低了湘绣产品的整体质量水平，影响了消费者对湘绣文化创意产品的黏度，不利于湘绣文化创意产业的长久发展。

（二）机器印刷技术的冲击

湘绣是勤劳与智慧的结晶，作为国家级非物质文化遗产，它专注于对每一个制作工艺环节的严格控制。湘绣作为传统的手工制作品，本质上是一个艺术加创作的过程，拥有一套严谨的制作流程：设计—估工—配色—刺绣。在市场经济的大背景之下，机器印刷技术给传统湘绣的手工制作方式带来了影响与挑战。尽管机器印刷的湘绣产品在色泽持久性、艺术价值与收藏价值方面，根本无法与手工刺绣一针一线的"手作"相匹敌，但其高效、低廉的工业化风格，无形中迎合了部分商家与大量不明真相的消费者，直接冲击了传统湘绣产业。

（三）创新创意人才匮乏

湘绣发源于长沙一带，相关产业主要集中在长沙市及周边县域，从事湘绣产品设计开发的从业者也基本集中于长沙。现有这些设计师基本上并非设计科班出身，而是曾经长期从事湘绣刺绣或设计工作的绣工和企业设计师，他们虽然有着丰富的传统湘绣创作经验，但缺乏把湘绣和现代艺术、艺术创意结合起来的整合创新能力。大量高端的艺术产品设计开发者都集中在北上广深等一线城市，作为二线城市的长沙，其城市环境与收入待遇无法吸引这些优秀的人才,造成湘绣文化创意产品的设计开发缺乏原动力。

(四) 忽视品牌建设

设计者缺乏品牌意识也影响了产品的开发与销售。湘绣文化创意产品目前还缺乏有影响力的品牌,大多数产品没有自己的品牌。关于湘绣的品牌建设、市场维持与开发、投资的加大等问题层出不穷,使其逐渐丧失了之前的竞争力。

四、湘绣文化产业发展过程中的对策与建议

(一) 改进设计思路

目前,湘绣市场的产品同质化严重,湘绣要想在市场中脱颖而出,就必须加大产品的创新力度,在产品设计过程中一定要站在设计的最前沿,采用最新的思路和设计思想,侧重对湘绣产业的文化意蕴的挖掘,注重传统文化创意产品消费理念的研究,创新设计出符合时代审美潮流的、群众喜闻乐见的、承载湖湘传统优秀文化的湘绣文化创意产品。同时,也要加大产品研发力度和资金投入,不断推出更新、更有创意的产品,这样才能在市场竞争中处于不败之地。

(二) 加强人才队伍建设

人才是文化创意产品发展的第一生产力,也是湘绣发展的保障。只有更多的优秀人才来到长沙,才能够研发出更多优秀的文化创意作品。当地政府应该加大力度吸引人才。首先,设立专项的基金为投身湘绣文化创意设计的人才提供启动资金,并且对于特别优秀的人才给予金钱奖励,解决他们的后顾之忧;其次,创新人才培养模式,加大人才培养力度,要把湘绣人才培养、

队伍建设，以及从业人员的培训放在引导行业发展的突出位置，着力打造知识型、文化型的湘绣人才队伍。只有当地形成了良好的艺术创作氛围，才能够吸引更多优秀人才来到这里，形成一个良性循环。

（三）政府的引导与扶持

湘绣作为非物质文化遗产，是传统文化复兴的重要组成部分，也是我国文化软实力的基础之一，肩负着满足人民群众日益增长的精神文化需求的艰巨任务。政府部门应当高度重视对湘绣的引导与扶持。首先，政府部门可以组织湘绣的研究者成立专门的湘绣调研小组，通过实地调研了解目前湘绣发展过程中的瓶颈与障碍，调查市场的最新需求，制定出在完整传承湘绣传统技艺的基础上相关的生产性保护方案。其次，政府部门可以出台相关的政策文件鼓励现有湘绣企业的整合，或者建立规范的、互补的湘绣产业联合体，优势互补、上下游联合，提高湘绣产业的综合实力。对一些有设计创新能力的湘绣生产企业予以鼓励或者补贴。政府部门还要在实践过程中规范湘绣市场的秩序，引导湘绣市场有序良性发展，避免恶性竞争、质量恶劣等现象的出现，保障湘绣产业的健康发展。政府部门还可以借助各种途径加大对湘绣产业的鼓励与宣传支持力度，借助文化部门及高校平台，定期举办湘绣文化创意设计大赛，让更多专业人士和青年设计师参与进来，在培养湘绣文化创意人才的同时，为湘绣文化创意产业的发展提供源源不断的创新思路和创意元素。

湘绣的历史源远流长，其艺术成就为世人所瞩目，是我国民族传统工艺美术的瑰宝。纵观湘绣的发展历程，自湘绣诞生以来，一直就是我国艺术文化领域中一个重要的角色，在四大名绣中占有一席之地。当然，我们必须清醒地认识到，湘绣在未来的发展上还有很多的阻碍和困难，与其他手工艺术一样，需要经历复杂的、系统的蜕变与再生过程，只有在政府与湘绣业界人士的共同努力下，才能达到最后的重生。对于促进湘绣发展相关对策，最重要的还是要加强人们对湘绣的了解，认识到湘绣对于我们而言是一个多么宝贵的财富，从而发自内心地想要去保护它、发展它，为它搭建更坚固的屏障，铺垫一条让它重现辉煌的康庄大道。总之，只有关注湘绣人才的培养，重视保护湘绣传承人，深入挖掘湘绣所蕴含的文化传统，做好品牌策划、文化传播，才能真正扩大湘绣的影响力和市场占有率。

第四节　农村旅游文化创意产业

我国乡村旅游虽起步晚，但发展快，而国家也始终将大力发展"乡村旅游"作为推动农村、农业发展的重要政策。近年来乡村旅游确实在推动农村经济发展与腾飞、统筹城乡发展方面做出了显著贡献。但是纵观乡村旅游发展现状，模式单一、创意不足、乡土文化挖掘不够、发展缺乏创新等问题日渐凸显。鉴于此，实现乡村旅游与文化创意产业的融合发展，使二者均能优化创新就显得十分必要和重要。

一、乡村旅游与文化产业融合发展意义

（一）文化产业有利于乡村旅游可持续发展

旅游业与传统经济行业有着一定不同，它讲究创意，同时具有一定的审美价值和体验价值，也就意味着旅游业的发展与丰富多彩的文化资源有着密不可分的关系，乡村旅游的发展也同样如此。要促使乡村旅游的发展有两个关键点，一个是创意，另一个是特色，两者的融合才能提高乡村旅游的经

济价值和文化价值。文化创意产业对乡村旅游的发展来说有着重要作用，乡村文化旅游资源的挖掘、整合和激活等都需要文化创意产业来完成，才能实现增强乡村旅游核心竞争力的目的。同时文化创意产业对乡村旅游产品的开发也是较为重视的，这样才能最大程度地满足旅游消费者的需求。所以，乡村旅游与文化创意、技术和分工等融合是促进其走可持续发展道路的重要环节，形成自身特色鲜明的产业布局，避免定位、服务、产品等与其他地区出现相似情况，打造属于自己的品牌和文化特色，让乡村旅游走上可持续发展道路。

（二）乡村旅游是文化产业发展的平台

乡村旅游之所以能在社会经济的推动下得到一定的发展，与其自身拥有的良好的生态人文环境和文化内涵密不可分，文化创意产业模式的开展也是围绕这两点来进行的，旨在吸引更多的乡村旅游消费者。文化创意产业要想适应新经济环境的发展，就需不断创新，突出乡村旅游的文化特色，这样既能提高市场效益，也能乡村文化特色的传播。乡村旅游与文化创意产业的融合使其不再以传统模式来发展，在不久的将来，乡村旅游将以创意景区产业为基础，同时强调地域文化的结合，使我国乡村旅游走上特色且可持续发展的道路。

（三）乡村旅游与文化产业融合互为支撑

乡村旅游的发展需要丰富多彩的文化资源为其奠定基础，为文化创意设计提供创作资源和建造思路。文化创意产业通过对乡村文化资源的整合来开发旅游产品和产业，不仅仅能带动农村旅游业的发展，与之相关的产业同时也能得到发展的机会，既解决了部分就业问题，又为乡村旅游建设开辟了获取资金的新途径,让经济收益来源变得多元化,让乡村旅游的文化价值得到最大程度的体现。通过产业间的互利合作、融合共赢,不仅仅使乡村旅游的档次得到了提升,也使产业素质得到了提高,文化内涵也得到了更好的体现,总之,乡村旅游为文化创业产业提供了市场发展的空间,两个行业的融合是经济发展的必然趋势。

二、乡村旅游与文化创意产业融合发展的重要性

在我国经济发展转型的背景之下,乡村旅游与文化创意产业融合发展具有重要意义,其不仅可以促进旅游升级转型,实现乡村旅游可持续发展,增强乡村旅游活力,还为我国文化创意产业发展注入了新的动力。

(一)推动乡村旅游经济发展

乡村旅游产业的升级转型是我国乡村旅游经济不断发展的动力源泉,也是基本保障。我国乡村旅游与文化创意产业融合发展,可以在很大程度上加速农村旅游的升级转型,促进乡村旅游健康、和谐、长远发展。乡村旅游转型升级无非是通过发展方式、发展模式、发展结构、发展形态等的优化升级来实现,而通过与文化创意产业的融合,乡村旅游的经营模式确实发生了转变,即逐渐由粗放型到集约型,由简单规模扩张逐渐发展为更加注重文化、更加关注效益的提升。另外,产业融合之后,乡村旅游也逐渐附着了创新性、渗透性、高附加值、强辐射性的特征,这为乡村旅游的发展注入了源源不断的发展动力。而在此背景下,实现乡村旅游产业结构、产业发展模式等的升级转型便容易很多。

(二)实现乡村旅游可持续发展

乡村旅游的可持续发展,一方面需要源源不断的农村生态旅游资源做支

撑，另一方面还需要有创意文化元素的渗透与融入。唯有如此，我国的乡村旅游业才既能满足当代人文化旅游需求，又能保证后代能够享受高质量的旅游资源。文化创意，简言之，便是融合了创新元素的人的现代创意，将文化创意渗透于农村旅游产业发展，不仅能丰富农村旅游发展形势，更能充分挖掘农村旅游特色，以及深邃而广阔的文化价值内涵，拓展农村旅游开发空间，为游客提供更加多元、趣味、优质的乡村旅游服务。当然，这无疑增强了乡村旅游活力，为实现乡村旅游可持续发展奠定坚实的基础。

（三）文化创意产业发展的动力源泉持续增加

乡村旅游资源为文化创意产业提供了源头活水，极大地解决了其原创力不足、产品价值开发不够等问题，推动了文化创意产业的发展与腾飞。文化创意产业发展的核心与关键是"创意"，而如何能够保证这些"创意"能源源不断呢？当然，这需要更广阔的创新空间，更具有灵感的创意环境，更具有特色的创意氛围做基础，而乡村旅游在帮助文化创意产业拓展创意空间、优化创意环境、和谐创意氛围等方面具有重要意义。诚然，在创意文化发展中介入乡村旅游，尽可能发挥农村旅游资源丰富、内容多样、品味特色等优势，推动创意产品的多渠道、多方面、多角度、全面化的创意表达，将极大提升创意产业效益。

三、乡村旅游与文化创意产业融合发展的有效模式

乡村旅游与文化创意产业融合发展的有效模式，需要政府提供政策、资金等多方面的支持，需要引进和培养高素质的旅游创意综合类创新人才，并构筑旅游乡村文化产业园，推动多元产业融合，同时还要巧用先进科技促进乡村旅游与文化创意产业融合。

（一）政府要强化重视

对于乡村旅游与文化创意产业的融合发展，政府应充分发挥其激励、支持与引导作用，不断推动二者的高质、高效融合。所以要促进创意旅游业的发展，政府的支持与引导不可或缺。具体来说，政府应从以下方面做起：第一，强化宣传，提高乡村旅游参与者对乡村旅游与文化创意产业融合认识。积极鼓励乡村旅游企业或者协会引入创意产业到乡村旅游项目中，增强乡村旅游产品多元新颖化。第二，加大资金、政策投入，推动创意乡村旅游的蓬勃发展。首先，政府应加大资金投入，为乡村旅游与创意文化产业融合提供财政上资金支持，并多途径帮助乡村旅游拓展融资渠道。其次，要出台相关政策为其发展扫除障碍，营造文化创意产业与乡村旅游融合发展环境。

（二）引进和培育高素质的旅游创意综合类创新人才

从根本上来说，要想最终实现乡村旅游与创意文化产业的融合发展，高素质、高能力的现代化旅游创意综合类创新人才不可或缺。因此，要强化人才培养，以人才资源保障创意乡村旅游的蓬勃发展。当然，要成为这类人才，一方面要熟悉旅游文化的开发、利用、保护和创新，另一方面还要懂得旅游策划、旅游管理与旅游营销等知识。而人才的质量在一定程度上决定着乡村旅游与文化创意产业统合发展的程度与效果。要充分发挥政府推动人才培养的重要作用，强化与旅游类高等院校、相关文化科研机构的合作，要借助旅游院校、文化科研机构等实现高端、复合型优秀人才的储备和引进，以充实现有的创意农村旅游业人才队伍。

（三）构筑旅游乡村文化产业园

构筑乡村文化产业园是加快乡村旅游与文化创意产业融合的有效途径，

具有可操作性。旅游乡村文化产业园的构建是一个循序渐进的系统工程，不可一蹴而就，它要以旅游文化生态资源以及多元的文化遗产作为支撑，并为旅客提供高质量的休闲、娱乐、旅游、健身、观光等多元旅游服务。具体来说，主要通过挖掘乡村文化旅游特色资源，加快旅游与文化融合，丰富文化产业园服务层次，打造旅游文化品牌形象等途径来实现。

（四）巧用先进科技促进乡村旅游与文化创意产业融合

科技是第一生产力，巧用先进科技促进乡村旅游与文化创意产业融合十分必要和重要。产业间的相互渗透以及快捷融合需要高新技术做支撑，做辅助、做润滑，科技既能为产业融合提供更多的机会，也能双向促进产业市场竞争力的提升，推动乡村旅游的发展、蓬勃。就乡村旅游来说，与文化创意产业融合后，乡村文化旅游产业的发展模式、发展路径、产业结构等均发生了改变，而此时依靠高新技术可以更彻底、更深刻地渗透文化创意元素，生产出更具有市场价值和文化内涵的高质量旅游产品，丰富乡村旅游文化产业的旅游资源。毋庸置疑，科学技术的运用极大地推动了乡村旅游产业与文化创意产业的高度融合，是实现二者和谐发展的强大推动力。当然，在运用科学技术促进二者融合发展的过程中，一定要坚持以人为本、爱护环境等原则。也就是说，在促进创意乡村旅游发展的同时，更要凸显其生态价值，促进生态平衡。

四、乡村旅游与文化产业融合发展路径探究

（一）相互融合一体化发展

对于乡村旅游而言，其技术、设施、服务等都与文化产业发达地区存在一定差距，旅游功能也并不完善，若持续选择单一的发展模式来发展乡村旅

游，只会导致乡村旅游的吸引力大大下降。因此，乡村旅游与文化创意产业的融合一体化发展是必然趋势，两者的融合使乡村文化旅游产业发展模式更为灵活。在不同发展阶段乡村旅游业所面临的问题也不同，灵活的发展方式能使其更为便捷地解决发展过程中的问题。从各地区发展旅游业成功经验来看，旅游业发展的速度与其对文化的挖掘程度呈正比关系，文化的深度挖掘为文化创意提供了宝贵资源，也有利于我国的传统文化更好地传承和发扬。文化创意产业和乡村旅游产业的融合一体化发展，对新农村的建设有着极大的促进作用。

（二）完善跨界治理机制

乡村旅游发展需要完善跨界治理机制，完善的治理机制是有效协调各个利益集团之间关系的重要保障，有利于制定共同的发展目标。在管理制度的选择方面需根据集团共同利益来制定相关管理条约，使有限的乡村旅游资源能最大限度地得到合理配置。政府方面应该为乡村旅游产业的发展努力打造一个宽松的发展环境，这样才能让乡村旅游地区吸引更多的优秀人才上岗，也才能进一步促进资金向乡村旅游地区汇聚。资金和人才都是促进乡村旅游产业健康发展的重要因素，二者缺一不可。产业融合的过程中难免会因规则制定和分配制度等引起一些问题的出现，若问题不能及时得到解决将会直接阻碍乡村旅游产业的发展进度，因此，要保证乡村旅游产业的顺利发展，创建灵活的文化创意产业融合机制就显得十分迫切。

（三）多元化综合性发展

以观光为主的旅游运营概念，必须关注全域、全景、全天候、全时段、全市场，这样才能给旅游消费者提供多元化的体验服务，才能让乡村旅游实现可持续发展。目前一些地域的乡村旅游文化体验方式已不再按照传统形式来展示，更多的是讲求活化、活态和活色，乡村整个领域逐渐演变成了展现文化的大舞台。在这样的发展背景下，乡村旅游在开展各项建设工作时，其主题主要围绕两大方面：一个是建设宜居宜业的乡村，另一个是建设乡村文化创意产业。在这样的发展背景下，乡村旅游文化创意产业的发展主要朝着综合性方面发展。

我国是一个发展中国家，综合国力仍需要进一步提升，而文化软实力就是其中非常重要的部分，文化创意产业不仅仅对我国经济有着极大的促进作用，对增强我国文化软实力同样有着重要影响。乡村旅游与文化创意产业融合作为旅游业的一种创新发展形势，产生了新的生机与活力。在新的市场经济环境下，乡村旅游与文化创意产业融合需走多元化发展道路，建设有特色的新农村，以崭新的精神面貌来发展乡村旅游，才能更好地发扬和传承文化。

第三章 文化创意产业集群

第一节 文化创意产业集群的界定和特点

一、文化创意产业集群的界定

产业集群化发展是产业内外部组织的更高形式,通过集聚集群模式,能有效实现资源共享和降低交易成本,从而创造更多有效的供需市场,实现整体产业水平与竞争力的提升。

文化创意产业集群的概念最早出现于西方。20世纪70年代,国外学者泽曼斯吉斯在经济学领域引进了集群概念,明确提出了产业集群的概念。1990年,美国经济学家波特教授在《国家竞争优势》一书中指出,产业集群是一个有机整体,它至少应该包括以下几个因素:第一,与某一产业领域相关,这是基础。第二,其内的企业及其他机构之间具有密切联系,这是关键。第三,其内不仅包括企业,还包括各种商会、协会、银行及中介机构等。这是产业集群的实体构成。由此,波特教授正式重新提出了产业集群的概念。换言之,波特教授所说的产业集群概念,是指"由与某一产业领域相关的相互之间具有密切联系的企业及其他相应机构组成的有机整体"。据此,文化创意产业也可以引入产业集群概念,形成了文化创意产业集群。

我国文化创意产业集群虽起步较晚，但也产生了一系列对它的理论研究。

学者刘蔚认为，文化创业产业集群就是在一定区域范围内集聚大量的创意人才、相互关联的文化娱乐公司的集合体。

学者陈倩倩、王缉慈认为，在全球化背景下，地方的重要性也开始得到凸显，文化创意产业仍离不开本地独特的发展环境和本地人的创造力。本地可以提供独特的发展环境，从而吸引更多的创意者，而创意者又为本地增加了创新氛围。

学者李蕾蕾、彭素英认为文化创意产业集群是一个复杂的生态系统，这个系统里融合了创意人才、文化创意企业、信息和创新机制等。

学者毛磊也对文化创意产业集群进行了简单的定义，即"一定地理范围内相互临近且相互联系的企业之间存在积极的沟通、交易渠道，相互进行交流与合作的文化创意产业领域的企业群"。

提到产业集群，就不得不提产业集聚。二者具有很密切的关系。所谓产业集聚，是指"同一类产业或不同类产业及其在价值链上相关的、支持的企业在一个地区的集中与聚合，以获得规模经济和范围经济并降低成本"。从概念上看，产业集聚强调的是产业集中的现象，但不一定会升级成产业集群。而产业集群既强调上下游企业之间的分工协作，又强调企业与其他机构包括当地政府之间的竞争合作关系，从而结成地域性很强的区域创新网络，最终促进集群的不断发展、升级。

综合以上专家学者的观点，并结合我国创意文化产业集群发展的实际，本书采用如下定义：文化创意产业集群是在文化创意产业及其相关的领域，由许多相互独立又相互关联的文化创意企业及支撑机构，依靠专业化分工和相互协作在一定区域集聚而成的产业组织。

二、文化创意产业集群的特点

从文化内容的创造和创意价值的实现来讲,文化创意产业集聚区是一种特殊的文化生态环境,是环境、生产、文化和创意的集聚,是激发并实现创新、创造和创意的场所。具体来讲,文化创意产业集聚区有以下 4 个特点。

(一) 空间和地域的开放性

一旦明确了地域范围,土地和房屋等资产总是有限的,其集聚效应也相应受限,就不能充分发挥它对产业的促进作用。

(二) 要素的集聚性

文化创意产业集聚区,首先体现为文化创意企业与人才、资金、项目、交易及消费等产业和市场要素在一个区域里的相对集聚。

(三) 资源的共享性

大量同质或相关的文化创意企业集聚,产生了对产业资源和服务的共同需求,而企业共享集聚区的服务资源正是产业化规模效应的保障和体现。因此,服务平台建设是重中之重。

(四) 产业的辐射性

文化创意产业集群不但能够大大促进和引领核心产业的健康发展,同时还能够吸引大量服务于该核心产业的其他机构和企业,实现规模性扩张,这使得文化创意产业集群有着强大的辐射力和影响力,从而促进整个区域经济的快速发展。

三、文化创意产业集群的分类

各国的地理区位、发展条件和文化背景等方面都不尽相同,而且政府作用和引导方式也存在一定差异,使得文化创意产业集群的发展类型有所差异。

(一)文化式集群和区位式集群

按照形成原因,文化创意产业集群可划分为文化式集群和区位式集群。

文化式集群是指文化创意产业的集群动力主要来源于共同的文化背景、发展思路、价值观念或制度环境。这种集群方式的优点在于,不但使集群内的各个参与企业具有较强的归属感,而且比较容易使这些参与主体之间形成良好的信任关系,从而有利于信息的流通。参与企业之间大大加强了沟通与交流,同时也十分有利于产品的创作和交易。文化趋同是产业集群形成的基础条件之一,是集群稳定发展的黏合剂,对于文化创意产业更是如此。从全球主要的文化创意产业集群来看,纽约SOHO艺术创意集群就属于文化式集群。20世纪60年代,纽约SOHO艺术聚集区的原址还是大量残破不堪的闲置厂房,多年无人问津。在60年代末期这种情况发生了改变,由于房租十分廉价,一些艺术家和雕塑家将这里闲置的厂房变成了他们艺术创作的工作室。在当代艺术趣味和美学审视方向上具有相同或相近理念的艺术家逐渐在这里聚集,并逐渐呈群落发展态势,艺术聚集区便由此逐渐发展起来。经过数年的发展,这些原本破旧不堪的闲置厂房内诞生了许多美国当代艺术大师。在这一文化式集群发展的鼎盛时期,在这块面积和人口不及纽约1%的地方,却居住着纽约当代30%左右艺术家群体,集群态势及优势不言而喻。

区位式集群是指文化创意产业的集聚发源于特定的地理区位,或是靠近特殊的创意群体,也可能是靠近目标消费群体或是靠近交易市场。从发展趋势来看，正是偶然的集中于特定的地理区位，促进了文化创意产业集群的形成和发展。从全球范围来看，百老汇戏剧创意集群便属于区位式集群。百老汇戏剧创意集群位于纽约市曼哈顿岛的中心地带，其中有38个营利性的剧场，主要集中在纽约第五大道至第七大道以及第四十二街至第四十七街的繁华商业区。在这些剧场的周边，还分布着上百家的非营利性剧院。集聚于此地的创意集群，受地处纽约最繁华的闹市区域熏陶，创意戏剧也随之拥有十分广阔的市场发展空间。伴随着戏剧创意集群的不断发展，这一地区聚集着越来越多的剧作家和各类的艺术家，同时还集聚了千余家专业公司提供各种配套服务。从各参与主体来看，这一聚集区分工明确、结构严密、竞合并存。据不完全统计，每年因为专程到百老汇看演出而前往纽约的人数就高达500万，由此带来的衣食住行等各种消费金额超过18亿美元。

（二）轮轴式集群和大饼式集群

按照集群结构，文化创意产业集群可划分为轮轴式集群和大饼式集群。

轮轴式集群是指在多层次产业集群中，上游和下游企业之间存在着原材料供应、成品或半成品生产、成品销售的投入产出联系的复合型产业群体。由于它们之间相互依存，就像车轮与车轴一样需要相互咬合、共同前行。这种类型的文化创意产业集群在创意产业中的影视行业尤为常见。从我国的实际情况来看，中央电视台和北京电视台的进驻，带动了上千家与电影电视制作相关的上游和下游企业大量涌入，如电视制作、广告代理、印刷、出版、动漫等相关文化产业公司纷纷迁往北京CBD功能区或其周边地带。这种上下游企业大规模的移入形成了以影视、传媒服务为主要特色，规模庞大、参与主体众多的文化创意产业链条，形成轮轴式集群转动前行。

大饼式集群实质上是指同一产业群体，即大量的生产相同或类似产品的企业聚集在一起。与轮轴式集群的不同之处在于，大饼式集群中各个企业之间是一种替代关系，轮轴式集群内部各个企业之间是一种互补关系。可见，大饼式集群的最大特点就是集群企业生产或经营的产品类型大致相同，面对的市场和用户很多也是相互重叠，企业仅仅是以提供差异化的产品和服务来避免出现同质化竞争。从集群的内部结构来看，百老汇戏剧创意集群也属于大饼式集群，因为158家剧院集中分布在该地区，很多剧作家和艺术家常年聚集在此地，在相互探讨艺术的同时也存在一定程度的竞争。

第二节　文化创意产业集群形成的理出理论

一、文化创意产业集群的理论基础

进入21世纪以来，文化创意产业的发展呈现出集群化的趋势，这种空间集群特征，成为国际文化创意产业的研究热点。对产业集群理论的归纳和分析，有助于更好地认识文化创意产业的本质和发展规律。

（一）马歇尔的规模经济理论

马歇尔（Alfred Marshall）在《经济学原理》（1890）中提出了两个重要概念："内部规模经济"和"外部规模经济"。而马歇尔所指的外部规模经济概念是指在特定区域内由于某种产业的集聚发展所引起的该区域内生产企业的整体成本下降。通过对英国传统企业集群现象的探寻和思考，马歇尔认为，外部规模经济对企业集群的形成有着重要影响，企业集群的外部性收益体现在三个方面：（1）厂商在地理上的集中能够促进专业化供应商队伍的形成；(2)厂商的集群能够创造一个完善的高度专业化的劳动力市场，有利于人才的共享；(3)厂商的集中分布有助于创造性构想以及技术秘密的非正式传播，即产生知识外溢。马歇尔称专业化产业集聚区为"产业区"（industry district），这是产业集聚的一种基本形式，后人称这种集聚为"马歇尔集聚"。

（二）斯密和马克思的分工协作理论

亚当·斯密（Adam Smith）通过观察和分析工业化初期生产分工和专业化生产所产生的效率，认为劳动分工是国民财富增进的源泉。其专著《国富论》（1776）不仅论述了采取分工生产的方式可以提高劳动生产率，而且深入分析了产生分工效率的原因。斯密将分工划分为三种类型：一是企业内分工；二是企业间分工，即企业间劳动和生产的专业化；三是产业分工或社会分工。第二种分工形式实质是企业集群形成的理论依据所在。正是因为这种分工，企业集群才会具有无论是单个企业还是整个市场都无法具备的效率优势，过细分工和市场分工都有一系列弊端。而企业集群保证了分工与专业化的效率，与此同时还能将分工与专业化进一步深化，反过来又促进了企业集群的发展。

在仔细研究了斯密分工理论的基础上，马克思认为，建立在协作基础上的企业生产，可以产生比分散生产更大的效率。产生合力效应的原因是：第一，协作性的集体生产在相同产量的条件下比分散生产节约了占用的空间；第二，在交货期临近或其他紧急情况出现时，集中生产能完成较大的生产量；第三，在集体生产的环境中，个人能力可以通过劳动效率间的差异表现出来，通过努力争先的竞赛，提高了生产率；第四，把不同的生产环节容纳在一个企业中，有利于管理和控制，可以保持生产的连续性和比例性；第五，协作性的集体生产提高了生产资料的利用率。总之，对高效率和低成本的追求，成为产业集群形成的内在动因。

(三) 韦伯的产业区位理论

阿尔弗雷德·韦伯（Alfred Weber）在《工业区位论》（1909）一书中从产业集聚带来成本节约的角度讨论了产业集群形成的动因。他认为费用最小的区位是最好的区位，而集聚能使企业获得成本节约。一个企业规模的增大能给工厂带来利益或节约成本，而若干个企业集群在一个地点同样也能给各个企业带来更多的收益或节省更多的成本，技术设备发展的专业化、搜寻劳动力的相关成本的降低，也都促进了企业集聚。韦伯把集聚带来的好处视为成本的节约和收益的增加，正是成本的节约促使企业产生了集聚的动因。专业市场的发展可以提高批量购买规模和销售的规模，使企业享有购买原材料的便利，顺利实现产品交易，从而降低了企业成本，提高了效率。企业集聚还有利于道路、煤气、自来水等基础设施的建设和共享，从而减少经常性开支成本，进而促进了企业集聚。

在韦伯之后，诞生于20世纪80年代的新产业区理论则从企业与其所处的社会环境之间的互动关系入手，研究企业集群的形成动因。该理论认为，决定一个国家、一个地区乃至一个企业高新技术产业发展状况最主要的因素，不是物资资本的数量与质量，而是与发挥人力资本潜力相关的经济组织结构和文化传统等社会环境。此后出现的欧洲学派主要是使用了文化环境（Milieu）的概念，把产业的空间集聚现象与创新活动联系在一起。创新环境理论认为，产业的本地化包括提升整个社区的技术和专业化水平，提供丰富的高素质劳动力，增加辅助的贸易和专业化服务，满足众多公司的需求，为形成更加专业化的生产创造条件。企业集聚使大家可以共享单个企业无法实现的大规模生产、技术以及组织创新的好处，但它们通常彼此独立运作。

(四) 波特的"钻石体系"理论

随着全球化时代的到来,产品的供应链和市场销售战略也随之更新,产业集群在竞争日趋复杂、知识导向和动态的经济体中,角色愈来愈重要。哈佛大学教授迈克尔-波特(Michael Porter)率先提出全球经济下的产业集群理论,从一个全新的视角——竞争力的角度来看待和分析产业集群现象。波特在其著作《国家竞争优势》(1990)中提出了由四种关键要素所形成的"钻石体系"理论,即生产要素,需求条件,企业战略、结构与竞争,及相关支持产业。这四个方面的要素相互作用,成为产业竞争优势的核心条件。同时,宏观环境的机会与政府的推动也从不同的角度对产业的竞争力产生极其重要的影响。而从竞争力角度对集群现象进行分析和研究,结果显示集群不仅仅能降低交易成本、提高效率,而且可以改进激励方式,创造出信息、专业化制度、名声等集体财富。更重要的是集群能够改善创新的条件,提高生产效率,也更有利于新企业的形成。虽然群内企业的惨烈竞争暂时减少了利润,但相对于其他地区的企业却建立起竞争优势。

(五) 熊彼特的技术创新理论

熊彼特(Schumpeter)的创新理论不仅揭示了经济周期的内在原因,同时也为研究产业集群问题提供了较好的思路。熊彼特认为,创新不是孤立事件,并且不是在时间上均匀分布,而是趋于群集或成簇地发生,因此,正是"技术创新及其扩散"促使具有产业关联性的各部门的众多企业形成集群。现实中,当一家企业成功实现创新之后,在其周围总会陆续出现一系列创新事件,从而出现创新的集中。熊彼特在解降经济波动时认为,除战争、气候等外部因素外，创新的群集和增长的非周期性因素是经济波动的主要原因。他特别强调，首次创新会比随后类似的创新要艰难得多，一旦突破入门障碍，对后来者的启迪，包括观念、认识、信心及行为都有极大激励；创新是一个学习过程，首次创新的失败教训和成功经验，都会给后来者提供少走弯路的经验，促进其快速实现成功创新并较快获得超过社会平均赢利能力的机会。由此带来的结果将是客观诱导后来者蜂拥而至，即形成技术创新的群集现象。信息技术之所以能以类似革命的形式爆发，就是因为计算机问世后引发了多次再创新和换代产品周期的迅速缩短，而这也正是群集的功绩。

（六）佩鲁的增长极理论

增长极概念及其理论首先由法国经济学家弗朗索瓦·佩鲁（F.Perrour）在20世纪50年代提出。此理论表述这样一种观点：一个国家或地区要实现经济的平衡发展是很难的，在现实中基本不可能实现，经济增长通常是从一个或者几个"增长中心"逐渐向其他部门或地区扩散、传导，所以要选择特定的地理空间作为增长极，来带动和促进整体经济的发展。而增长极是围绕推进性的主导工业部门而组织的、有活力的、高度联合的一组产业，它不仅能迅速增长，而且能通过乘数效应推动其他部门的增长。佩鲁引入了"推动性单位"和"增长极"的概念。所谓"推动性单位"就是一种起支配作用的经济单位，当它增长或创新时，能诱导其他经济单位增长。推动性单位可能是一个工厂或者是同产业内的一组工厂，或是有关共同合同关系的某些工厂的集合。在增长极理论中，经济增长被认为是一个由点到面、由局部到整体依次递进、有机联系的系统。其物质载体或表现形式包括各类别的城镇、产业、部门、新工业园区、经济协作区等。

二、文化创意产业集群的形成条件

文化创意产业集群的雏形往往在大城市近郊区、大都市旧厂区和新规划园区等三种环境中得到发展。这些地区外部环境宽松、可塑性强，既在一定程度上靠近目标消费群体，又在一定程度上降低企业的运营成本。更为关键的是，这些地区有利于文化创意产业外部经济效应和协同发展效应的产生，因此具有很强的吸引同类企业集聚的能力和良好的成长性。综合分析这些地区的共同特点，可归纳总结出文化创意产业集群形成与发展的基本条件，大致包括4个方面。

（一）现实的消费需求

公众对文化创意产品和服务的需求，是文化创意产业集群形成和发展的原动力。有效的需求能够不断刺激文化创意产品和文化创意服务的有效供给，进而促进文化创意产业集群的形成和文化创意产业结构的不断优化。目前，中国文化创意产业还处于萌芽和成长的阶段，因此产业成长和发展的空间巨大。同时，经济的快速发展、居民收入的增加、居民受教育水平的提高以及居民闲暇时间的大大增加等都成为文化创意市场需求增大的重要影响因素。

（二）多样的生产资源

一是文化资源，文化本身就带有很强的地域性、历史性和民族性。各地在长期的历史过程中积累了丰富的传统文化资源，为文化产品的开发并促进某些特定文化创意产业的自发形成提供了潜在的可能性。二是人才资源，文化创意产业具有创新性的特性，要求文化产品和服务的生产者与提供者要具备较高的文化水平和艺术修养，同时文化创意产品的价值实现又要求能适应多种产业融合需求的文化资本营运人才。三是资本资源，资本是所有生产要素中最具活力和穿透力的因素，它总是为利润所驱使，流向最能盈利的行业。文化创意产业是现代经济各部门中最具有吸引力的产业之一，不断吸引着资本的流入。在金融资本和产业资本的相互作用下，拥有完善融资渠道和资金充裕的地区更能吸引文化创意企业在空间上的集聚。四是设施资源，文化创意的形成往往需要轻松的氛围、经常性的沟通、相互激发的灵感，因此良好的工作和沟通环境对于文化创意产业集群的发展尤为重要。良好的基础设施建设，包括便利的交通、舒适的工作环境、轻松自由的交流场所，也包括公共文化基础设施的建设，如公共图书馆、博物馆、电影院、剧场等成为激发当地文化需求的有效手段。

（三）必要的支撑产业

文化创意产业集群的形成离不开相关辅助产业群的强大支撑。当前，相关产业的发展，特别是信息技术的飞速发展已成为推动文化创意产品生产和贸易发展的手段和载体，促进了文化创意新理念、新技术、新运作方式、新经营方式和服务方式的出现，在很大程度上成为文化创意产业集群形成的催化剂。

（四）优质的生存环境

在文化创意产业集群化的发展过程中，环境特别是良好的投资软环境起着不可或缺的作用。这种作用主要体现在稳定吸引投资的一系列优惠措施、完善的基础设施、优质高效的公共服务、公平公正的法律环境等方面，特别是建立完善的知识产权保护体系对文化创意产业的发展及其重要，运转有效的市场环境对集群的形成和发展也非常重要。集群所在地应有与主导产业和产品相关的要素供给、产品销售的环境，使本地成为国内较主要的专业产品流通中心，不但发挥出流通与生产相互促进的作用，而且保障本地产业能够获得最前沿的专业信息，受到最新潮流的推动，保持产业的领先地位。

第三节　文化创意产业发展的主要模式

文化创意产业集群就是在文化创意产业的领域中，由众多独立又相互关联的文化创意企业以及相关支撑机构，依据专业化分工和协作关系建立起来，并在一定区域集聚而成的产业组织，它包括文化创意产业链上所有上、下游企业。一般来说，文化创意产业集群现象背后有着不同的原因，文化背景不同、地理区位有别、政府作用各异，导致文化创意产业集群的发展类型也有所不同，按照其所依赖的主要因素可分为以下四种模式。

一、人才集聚模式

文化创意产业人才集聚模式是最常见的，也是最具有代表意义的。创意人才是文化创意产业发展的核心要素，人才的集中会吸引相关资源的流动，最终促使集聚区的形成。一般来说，此类集聚区有着浓郁的创意氛围，开放、自由、包容和前卫为其特征，汇聚了大量以创意工作室为主要形式的中小型文化创意企业。其中北京798艺术区是比较典型的例子。798艺术区是原国营798厂等电子工业的老厂区所在地，因为园区有序的规划、便利的交通、风格独特的包豪斯建筑等多方面的优势，吸引了众多艺术机构及艺术家前来租用闲置厂房并对其进行改造，逐渐形成了集画廊、艺术工作室、文化公司、时尚店铺于一体的多元文化空间。

二、依市集聚模式

依市集聚模式的文化创意产业园区以规模较大的企业群为依托，其特色为由若干个大规模企业组成、产业关联度高、集群效益显著、具有强大的竞争力。电影、电视等较复杂的创意行业的集聚往往以这种类型呈现。其中好莱坞为此类集聚区的典型例子。好莱坞位于美国西海岸加利福尼亚州洛杉矶郊外，依山傍水，景色宜人，现已是世界著名的电影城。好莱坞是全球电影、音乐、时尚的中心地带，引领和代表着世界顶级娱乐产业。米高梅（MGM）、雷电华（RKO）、梦工厂、迪士尼、20世纪福克斯、哥伦比亚影业公司、环球影片公司、华纳兄弟（WB）等这些电影巨头都汇集在好莱坞的范畴之内，这里的时尚与科技互相牵制发展，自然而不造作，有深厚的时尚底蕴和雄厚的科技力量作支持。由于集聚效应显著，这里出现多层次的媒体产业，共享人才、信息、技术，共同发展，不断拓展市场。

三、规划集聚模式

不同于以上两种自发形成的集聚区，规划集聚模式的园区主要指那些有着专门的规划和治理的文化创意产业园区。它们一般都是由政府或者企业通过系统完善的事先规划，选定区域进行投资、建设，而形成的有着特定边界范围的文化创意产业集聚区。由于外界力量的介入，此类集聚区有相对封闭性的特点，能够被复制和在其他地区或国家推广。中国的中关村创意产业先导基地是北京市首个创意产业基地，目前基地已形成了互联网、软件、游戏、创意设计、动漫画、数字内容、出版传媒等产业集群，已有新浪、百度、腾讯、光线传媒等近百家创意企业入驻。

四、综合集聚模式

综合集聚模式的创意产区是指那些具有自发集聚生成和规划发展双重特性的文化集聚区。一般来说,这种类型的集聚区出现在废弃的旧城区。原有的工业部门撤离,创意工作者和文化创意企业入驻,政府或其他部门通过全面的规划和建设,重点发展文化创意产业,给区域经济注入活力,辐射和带动传统产业的升级和整合。综合型的集聚区并不仅仅立足于文化创意产业发展,城区改造及带动相关经济活力也是其努力想达到的效果。英国为了振兴经济,制订了城区复兴和发展计划,重新定位,打造全新的城市面貌。政府对综合型的文化创意集聚区的规划和发展有高度的参与,在具体实施方面也给予多方的政策配合,在英国形成了一批具有完善的城市基础设施、社会建设、社会网络等综合型的集聚区。

第四章 文化创意产业集群的竞争机制

波特的"钻石模型"揭示了国际竞争力的来源,不仅可以用于分析国家的竞争优势,而且还可以用于分析集群经济竞争优势。不同产业主导下的区域经济,呈现出不同的特点和特色,对于"五力"的影响和要求也不尽相同,当文化创意产业成为区域经济的主导产业时,区域的"五力竞争"是否有了重大的变化?文化创意产业对"钻石模型"的要素是如何影响的?基于区域竞争力"五力"是怎样的一个协调机制?本部分将通过对波特的"钻石模型"进行分析,揭示在文化创意产业为集群的主导产业时,"钻石模型"对集群经济的影响。

第一节 波特"钻石模型"

波特将生产要素划分为初级生产要素和高级生产要素,初级生产要素是指天然资源、气候、地理位置、非技术工人、资金等;高级生产要素则是指现代通讯、信息、交通等基础设施,受过高等教育的人力、研究机构等。波特认为,初级生产要素的重要性越来越低,因为,对它的需求在减少,而跨国公司可以通过全球的市场网络来取得(当然初级生产因素对农业和以天然产品为主的产业还是非常重要的)。而高级生产要素对获得竞争优势具有不容置疑的重要性。高级生产要素需要先在人力和资本上大量和持续地投资，而作为培养高级生产要素的研究机构和教育机构，本身就需要高级的人才。高等级生产要素很难从外部获得，必须自己来投资创造。

国内需求市场是产业发展的动力。国内市场与国际市场的不同之处在于企业可以及时发现国内市场的客户需求，这是国外竞争对手所不及的。因此，波特认为全球性的竞争并没有减少国内市场的重要性。

波特指出，本地客户的需求非常重要，特别是内行而挑剔的客户。假如本地客户对产品、服务的要求或挑剔程度在国际数一数二，就会体现该国企业的竞争优势，这个道理很简单，如果能满足最难缠的顾客，其他的客户要求就不在话下。

另一个重要方面是预期性需求。如果本地的顾客需求领先于其他国家，这也可以成为本地企业的一种优势，因为先进的产品需要前卫的需求来支持。

支持性产业是为某个产业提供支持的若干产业，相关产业是指具有互补性的产业。有竞争力的几种相关产业往往同时在一国产生。支持性产业和相关产业对某一特定产业的促进作用主要表现在：首先，它最有可能进行产业创新；其次，相关产业的国际成功也带动了其他产业成功。

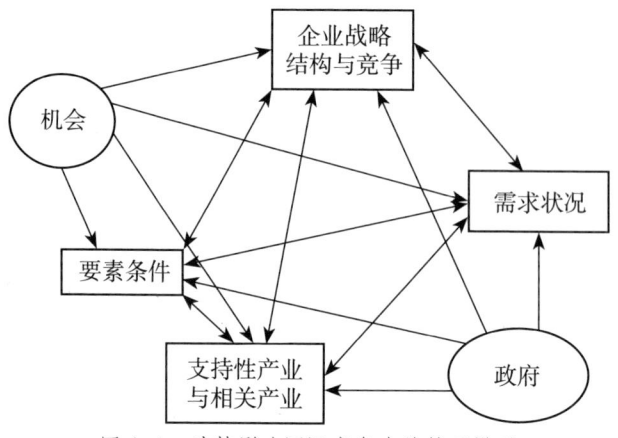

图 4-1 波特影响国际竞争力的钻石模型

企业战略结构和竞争。推进企业走向国际化竞争的动力很重要，这种动力可能来自国际需求的拉力，也可能来自本地竞争者的压力或市场的推力。创造与保持产业竞争优势的最大关键因素是国内市场强有力的竞争对手。波特认为，这一点与许多传统的观念相矛盾。例如，一般认为，国内竞争太激烈，资源会过度消耗，妨碍规模经济的建立；最佳的国内市场状态是有两到三家企业独大，用规模经济和外商抗衡，并促进内部运作的效率化；还有的观念认为，国际型产业并不需要国内市场的对手。但波特指出，在其研究的几个国家中，强有力的国内竞争对手普遍存在于具有国际竞争力的产业中。在国际竞争中，成功的产业必然先经过国内市场的竞争，迫使其进行改进和创新，海外市场则是竞争力的延伸。而在政府的保护和补贴下，放眼国内没有竞争对手的"超级明星企业"通常并不具有国际竞争能力。

机遇是指那些超出企业控制范围内的突发事件，如技术的重大创新等。机遇的重要性在于它可能打断事件的发展进程，改变产业的竞争结构，使原来处于领先地位的竞争优势无效，落后企业如果能顺应局势的变化，利用新机会便有可能获得竞争优势。

政府可以通过补贴、对资本市场加以干预、制定教育政策等影响要素条件，通过确定地方产品标准、制定规则等影响买方需求（政府本身也是某些产品或服务的大买主）。政府也能以各种方式决定相关产业和支持产业的环境，间接影响企业的竞争结构及其竞争状况等。

第二节　产业集群竞争力与钻石模型

波特的"钻石模型"主要是揭示国家竞争优势的来源，作为一种分析方法，同样还可以应用于集群竞争优势的研究。与其影响国际竞争力的因素相同，在区域的条件下，集群竞争优势也可借助钻石模型来分析。

李方林 (2006) 对区域下的钻石模型进行了重构，他把用区域合作与竞争的关系替代了传统钻石模型中的"机会"因素，同时强调制度环境对区域竞争的影响。他认为，良好的区域合作与竞争和制度环境对区域经济竞争力有相当大的影响。良好的区域合作与竞争态势是区域间协调发展、持续发展的重要因素。同时，他认为，在合理的制度下，制度能降低经济运行的不确定性，提供对个人和企业激励、提高经济运行的效率从而节约成本、鼓励创新。他提出的钻石模型更注重的是区域内部的关系和区域间的关系，区域内部的关系表现为制度条件，而区域间的关系在于区域之间的合作与竞争。在这种条件下区域经济能够在内部和区域之间进行协调。

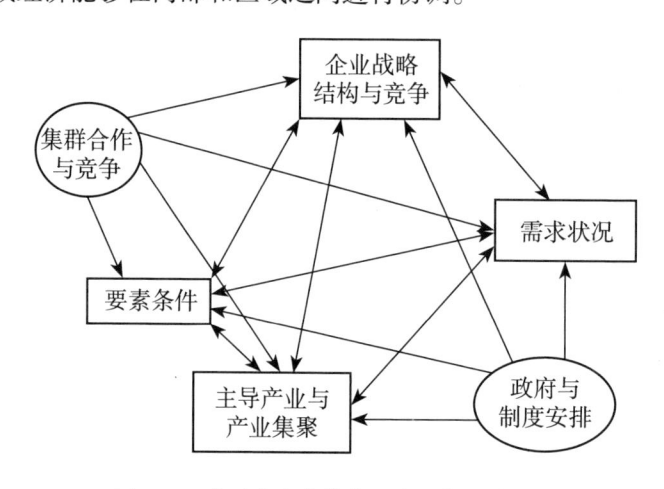

图 4-2　集群竞争优势来源的"钻石模型"

但是，我们要注意到，对于影响集群核心竞争力的内部要素还是需要进一步发掘。集群的核心竞争力不仅源于集群内部和集群之间结构的调整，关键在于集群要素的调整和拉动新需求的推动力。集群竞争力应该是立足于现在、面向未来的能力，它要以集群的经济和社会的客观现状为基础，以集群经济发展为导向。集群竞争力不仅强调对资源的利用，更强调对机会的把握；

集群竞争力应该有它的主导驱动力。因此，集群核心竞争力应该围绕着集群的核心产业来展开。具体来说，集群核心竞争力主要是体现如何培育集群核心主导产业形成的过程，以及核心主导产业的结构状态。

第三节　文化创意产业集群竞争力的钻石模型

基于上述分析，我们大致可以将创意产业集群竞争力的钻石模型描绘如下：

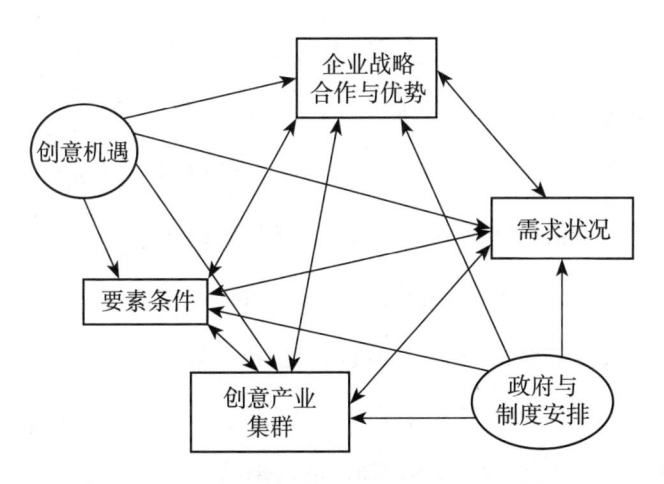

图 4-3　文化创意产业集群竞争力的"钻石模型"

文化创意产业主导下的区域竞争力"钻石模型"的主要因素包括：

一、创意机遇

在波特的钻石模型中，机遇是一种外生的因素。因此，把机遇作为经济发展的一个动力，本身就是钻石模型中一个不确定的一种因素，传统意义上的机遇——例如发现矿产资源、实现重大技术创新等，是超出企业所能控制范围的，这种机遇在区域经济发展中所发生的概率是比较小的，其在产业发展过程中产生的推进作用也是比较有限的。

在文化创意产业主导的区域钻石模型结构中，机遇作为一种因素，已经被内生化了。文化创意产业本身就是发现机会、创造机会的一个过程。企业作为市场的主体，其主要的作用是去发现需求，从而创造需求，企业发展的过程本身就是一个创造机遇的过程，与传统的企业生产不同的是：文化创意产业主导下的企业，对机遇的创造和把握程度已经处于主导地位，设计出好的文化创意，生产出好的文化创意产品就是文化创意产业下企业的基本活动。与此同时，企业对机遇的把握实现程度已经不同以前了，主要表现为企业对文化创意的认识度与以前相比有了较大的提高，企业随时能够把握住好的机会，并且利用这种机会带来的效应去生产。

在文化创意产业驱动下的钻石模型下，机遇已经从促使产业价值链变动的动力变成产业价值链的高端组成部分。传统模式下，机遇是改变价值链的动力，机遇到来时，价值链就会随之变动。价值链的这种变动会影响产业的发展，会带来较强的经济效应。当机遇内生化，处于价值链的高端时，企业对价值链的变动和整合就有了较强的主导地位。一个好的文化创意，就可以改变价值链的组成或者产生一个新的价值链序列。

文化创意产业作为区域经济的主导产业，具有较强的辐射力和影响力，并有可能促使不同的产业在文化创意产业的带动下进行产业的整合和融合，文化创意产业的这种独特的特点可以使得机遇到来时能够迅速地转化为生产力，沿着文化创意产业为主导的价值链条扩散开来，从而带动区域经济的产业升级和产业发展。

二、政府与制度安排

在文化创意产业驱动的钻石模型下，政府与制度安排是重要的因素。原因在于：①文化创意产业的形成是从传统产业的文化创意环节的剥离，在政府的强力支持下，文化创意产业的培育和发展显然要比其自然发展快得多，所以说，政府在培育区域文化创意产业的发展上起着关键的作用。②文化在一个地方的扎根发展不是简单地靠行政手段能够实施的，文化的发展靠的是文化与文化之间的结合和融合，文化和制度之间的融合，政府以一个什么样的态度对待文化，是一个很重要的问题。政府的作用和制度安排本身就是文化创意环节中关键的因素。因此，在文化创意产业驱动下的区域竞争力"钻石模型"中，政府的作用显然不是处于一个中性的状态，政府应该发挥积极的作用去支持和推动文化创意产业的发展，与此同时，政府政策的实施和制度安排应该与文化的发展相和谐。

三、文化创意产业与主导产业

在上述新的钻石模型中，文化创意产业已经成为区域经济的主导产业。关于文化创意产业作为区域经济的发动机和驱动力，其本身的特点——如高辐射性、高渗透力等，将会利用本地的资源，推动区域经济的高速增长，与此同时，这种价值实现是以高增值性为特点的。

作为文化创意产业集群主导的区域经济，与其他区域相比，其本身独特的文化特点决定了其不可替代的特点，并且其集群的产业组织方式决定了其具有核心的竞争力。

文化创意产业集群与传统的产业相比，其具有更加伸展性的价值链、更广阔的价值空间，它们对价值链中的中下游企业的带动性已比以往有本质的不同，一旦文化创意产生或者说创新实施，他们首先会在文化创意集群中互相渗透和互相辐射，然后会沿着价值链扩展开来，在新的钻石模型下，传统的要素资源已经发生了变化。新的钻石模型对自然资源的要求已经不像传统条件下那么迫切，它更追求的是知识资源和文化资源，这种资源与传统的自然资源相比，具有可持续发展的特点，并且知识和文化的积累更具有潜在的增值能力，文化和知识有着边际递增的效应。在这种条件下，文化创意产业的开发和生产具有可持续的特点，知识资源和文化资源的发掘和耗费不会随着生产的增加而减少，而是会随着生产更加丰富。

四、需求状况

对于传统产业下的"钻石模型"来说，生产是为了适应需求，这种需求既可以是区域内的需求也可以是区域外的需求。在文化创意产业的主导下，需求的性质将会发生彻底的改变。我们知道，文化创意的产生是为了发现需求，文化创意产业的生产过程是面向对象发掘需求的过程——这种发掘的层次既可以是区域内的，也可以是区域外的，这种面向对象的生产过程为生产提供了很大的机会。面向对象式的发掘需求和适应需求的能力，不仅在区域内创造出市场，更重要的是在区域外创造、获得更广阔的市场。

五、企业的战略和结构竞争

文化创意产业主导下的企业关系呈现出更加柔性的特征。企业与企业之间既是竞争的关系，也是合作的关系，在企业的关系发展中，将更加突出合作的特点。文化的相融性会使企业之间具有合作关系，知识和文化的流动性使得人才的交流更加便捷，游离于企业组织之外的协会、团体性组织更加突出，这些非盈利性组织对于文化的传播和文化创意的产生有着重要的积极推动作用。企业已经不再是唯一的生产单位，更多新型的生产组织形式与企业同时构成了市场的生产主体。企业和企业之间具有模块化运作方式，使得企业与市场没有固定的边界，企业网络表现了市场的组织状态。

表4-1 传统产业与文化创意产业钻石模型要素对照表

	传统产业	文化创意产业
要素条件	自然资源、人力资源、知识资源	知识资源、人力资源
需求	需求范围、需求结构	拉动需求
企业产业结构与竞争	竞争与合作、趋向竞争	竞争与合作、趋向合作、网络化
产业主导	传统产业主导	文化创意产业主导
机遇	等待机遇	发现机遇
政府与制度安排	政府推动市场	市场促进制度

由此看见，传统产业的钻石模型与文化创意产业集群模型在要素构成及关系方面有着明显的差异。

第一，要素结构差异。波特的"钻石模型"强调要建立国家竞争优势，必须能善用四大关键要素，加上机会和政府角色，彼此互动。钻石体系中的每个关键要素都是相互依赖的，它内部的每个因素都会强化或改变其他因素。

对于波特的钻石模型，四个关键因素是平行的，它们是互相影响、互相依赖，每一个因素对于系统来说都是至关重要的。发挥每个因素的作用和协调四个因素的关系对于整个系统来说都是重要的。机遇和政府是系统的外生变量，他们为整个系统提供服务和支持，以及对于整个系统来说，提供转变的可能。波特的钻石模型更加强调协调机制，区域的竞争优势既是四个关键因素作用的结果也是四个因素相互协调的结果，在这种平衡机制下，区域优势才能得以体现。

文化创意产业驱动下的钻石模型显然把机遇和政府与制度安排内生化了，它们在模型中的地位等同于其他四个要素，同是模型中不可缺少的因素。在这里，机遇不是被动地寻求，而是主动地发现的。政府在模型中不仅是一个协调者，更重要的是起着推动的作用，要素条件、需求状况和企业的战略与结构在以文化创意产业为主导的作用下共同服务于文化创意产业的发展，以文化创意产业的发展为核心的产业代表着区域内部的核心竞争力，这种竞争力对于其他区域来说是难以超越的，具有难以替代的地位。

波特也提到了社会的价值观，他认为价值观也会影响到产业的竞争优势，文化也会影响到企业的竞争环境，影响区域的竞争力，但是他并没有把文化的因素纳入到模型中去，对于文化创意产业驱动的钻石模型来说，文化显然就是融入系统的因素之一，并且正是文化的主导作用导致了模型要素的不同。

第二，传导机制差异。在波特的钻石模型中，几种核心因素虽然具有同等的重要性。但是对于其传导机制来说，也可以本着如下路径：区域经济根据本地的一定要素条件，通过企业战略的实施，形成一定的产业及其相支持产业，去满足和适应本地的和外地的市场需求，同时在政府的干预和一定的机遇条件下实现产业的提升。在这种传导机制中，体现着一种相对静态的路径。

文化创意产业驱动下的钻石模型中，传导机制则与传统下的模式有着根本的区别。这种模型下的传导机制表述为：区域经济在政府的引导和支持下，形成相互合作和竞争的文化创意企业，这些企业在地域上形成文化创意产业集群，在以文化创意产业为主导的作用下，去主动地寻找机会，去发现、满足需求。该路径的起点和终点同传统的钻石模型相比也发生了变化，这种传导机制更具有动态的特点，强调的是企业的主动性。在这种环境下的区域经济更具有张力，区域经济的发展更具可持续的效果。两种不同的传导机制对区域经济的影响在于传统模式重点强调对资源的利用和开发，文化创意产业驱动的模型则更注重机会的需求和创新，文化创意产业驱动下的钻石模型体现出的是一种新的经济驱动力量，这种力量源自于基于文化的文化创意和基于科技的文化创意，正是这两种因素，使区域经济在原有的自然资源开发型的基础上加入了新的动力。

第三，文化创意产业驱动下的区域经济。通过对新钻石模型的分析，可以发现，区域经济的发展在以文化创意产业为主导产业的动力驱动下，会比传统的情况有较大的飞跃。它可以使区域内的要素条件在文化的协调机制下得以整合；企业的战略和竞争结构更加有序；对市场的需求有更深度的发掘；对培育产业集群有较强的推动力。同时，我们要注意到，政府的协调和制度安排以及文化创意机会的发掘是两个重要的条件。在这六种要素共同促进的基础上，区域经济能实现赶超发展。

第四节　文化创意产业集群的核心竞争力

文化创意产业发展的时间不长，但至今已明显体现出独特的产业特征，与传统产业相比，文化创意产业具有创新性、渗透性、高增值力、强辐射力、高科技含量和高风险等特征。文化创意产业的这些产业特征与区域经济核心竞争力的要素相吻合，文化创意产业适合作为区域经济核心竞争力来培育和发展（厉无畏，2006）。无论是从文化创意产业产生的渊源，还是文化创意产业所包含的生产方式，都决定了文化创意产业在产业价值链中的位置。文化创意产业既是一种从传统产业链中独立出来的高端部分，又是一种由知识经济时代所原生造就的朝阳产业、服务产业。

一、文化创意产业集群的核心竞争力要素

(一) 文化创意产业价值链

分析文化创意产业价值链的构成,可以得出:文化创意产业价值链具有更广的延伸性,其价值链的跨度更大,实现价值的方式可以依附于其关联的各个产业。基于这些特征的分析,我们可以得出:文化创意产业具有为区域提供进入多样化领域的潜能。文化创意产业的本质是文化,文化是社会发展中长期积累的一种社会传承,文化的载体有多种多样的方式,涉及的行业和领域也是千变万化,而永恒不变的是文化所反映的社会文明。当文化从商品和产业中提炼出来时,它不仅反映了文化的特征,同时还带有商品的烙印,同时文化创意产业不仅会推动自身产业的发展,更重要的是文化创意产业会在发展的过程中与其他传统的产业相互融合,这种融合机制会产生出新的产业,新的产业发展为区域经济多样化发展提供了更多的机会和潜能。

(二) 文化创意产业与创新

创新性是文化创意产业的本质特征。文化创意产业作为一种产业,之所以具有重要的经济意义,其根本在于文化创意产业具有创新性。文化创意产业的创新性,主要是指在文化创意产品的生产和营销过程中,独具特色的文化创意贯穿其始终。

文化创意产品的生产具有强烈的创新性。每一项文化创意产品,无论它的形态如何,都应该独具匠心、不能雷同,虽然文化创意产品生产者可以吸收和借鉴前人的劳动成果,但他不能重复前人的劳动,而必须创造前人和他人所没有的新东西,需要生产者的一种创作激情才能完成。因而,文化创意

产品的生产是具有自主知识产权的原创性研究和发明的过程，每一件文化创意产品之间都具有不可重复性、不可替代性和不可再生性。同时，在文化创意产品的营销过程中，始终贯穿着艺术文化创意、经营文化创意、推广文化创意、销售文化创意，正是由于这一系列的文化创意，才能把信息、情感、品味、观念、技术、资金和营销网络结合起来。

（三）文化创意产业与产业辐射力、渗透性

正因为文化创意产业的文化基础，才使得文化创意产业比其他产业更具有渗透性、辐射力。从文化的角度来讲，文化创意产业的生产过程包含了文化的积累、保存、制作、传播、交融的环节。同种文化具有不同的表现方式，具体表现在文化创意产业的生产上，同一种风格的文化可以有不同的文化创意产品，而文化创意产品反映的是共同的文化内涵。当一种代表某种文化的产品生产出来、推向市场时，可能很快地带动其他同种文化风格不同外在表现的产品的生产和销售，当此种文化风行时，代表此种文化的商品生产会跨越不同的区域空间和产业空间，由此而来的渗透效应和辐射效应会随着文化的传播而越来越强。文化创意产业的渗透性可以体现在产品层次的渗透、部门层面的渗透、产业层面的相互渗透。

（四）文化创意产业与增值性

随着经济的发展，消费者收入的提高，消费需求出现个性化、高级化的新趋势。商品也随着消费需求的升级，其内在的市场价值已经出现了变化，在此意义上商品的市场价值分别可以表述为：使用价值（Function Value）和观念价值(Concept Value)两部分。前者是客观的具有使用功能的商品，后者是主观的可以体会和感受的无形附加物；前者由科技创造而成，是商品的物

质基础；后者因文化渗透而生，是附加的精神观念（厉无畏，2004）。随着经济的发展，构成商品市场价值的这两部分的比重发生变化，当消费者的收入大大增加时，消费者会越来越重视商品所包含的观念价值。文化创意产业在传统观念的基础上给商品注入了文化、理念等因素，更注重赋予商品的观念价值，因此，文化创意产业具有高的增值性。

当文化创意产业通过培育、发展成为集群主导产业时，它已经具备了集群核心竞争力的要素条件，可以作为集群核心竞争力来重点发展。具体来讲，文化创意产业核心竞争力的主要特征表现为：①产业价值链中的局部环节，占据价值链的高端，具有难以模仿和替代的能力，核心竞争力具有延展性和持续性；②为集群提供了进入多样化领域的潜能；③集群内在的整合能力，经过积累而获得；④使集群经济具有创新能力；⑤在动态发展中为集群提供竞争能力；⑥集群竞争能力具有核心产业的发展定位；⑦集群的战略目标明确。

二、文化创意产业集群核心竞争力的提高

文化创意产业的特征与集群核心竞争力的特征具有一致的路径选择。文化创意产业基于文化内涵的背景，使文化创意产业区别于传统产业，使其更具有增值性和增长性的特点，有极大的经济发展潜力和驱动力，文化创意产业的辐射力量将会带动集群内其他产业的发展和壮大。集群的核心竞争力的重要因素已经在文化创意产业的生成和发展中实例化，核心竞争力与文化创意产业的互动关系是集群经济发展的核心动力，发展文化创意产业是集群经济发展核心竞争力的有效选择。

文化创意产业从传统产业内的分离，基于生产力的提高，没有一定的经济基础，文化创意产业就没有相应成长的环境和土壤，文化创意产业的分离

过程是集群核心竞争力转换的自由选择。集群经济的发展是定位于一定地理范围的有限资源，这种资源不仅包括自然资源，还包括人力资源和文化资源，当传统的资源驱动型经济发展到一定程度后，其已经不能再为集群经济的发展提供新的活力和动力，而此时高技术和高文化含量的文化创意活动必将成为集群经济发展所依赖的因素，因此文化创意产业的发展，在某种程度是集群核心竞争力提高的一种度量。

文化创意产业与传统产业的融合是集群核心竞争力提高的另一个特征。文化创意产业的发展不仅体现在自身产业的发展上，更重要的是文化创意产业能有机地与传统产业融合一起，共同构成集群核心竞争力发展的重要因素。文化创意产业价值链延伸的广度和其强大的辐射效应为文化创意产业和传统产业有机融合提供了可能，文化创意产业具有较高的价值链条，从每个层次的价值环节出发，其都具有较大的价值空间，每个层次所延伸的过程就是其与传统产业进行融合发展的过程，在文化创意产业带动下的传统产业，间接赋予了文化创意产业的产业特征，比融合前的传统产业更具备竞争优势，更具备较强的竞争能力。这种空间上价值链的融合与整合在一定集群空间上的映射，将会形成一种新型的产业组织模式——产业集群。无论是哪种方式主导的产业集群，都将会在集群企业的构架上拓展更大范围的价值实现。反之，产业集群的出现会影响产业的学习模式和产业的演化速度，这种从静态到动态，再由动态到静态的过程体现了集群核心竞争力提高的过程。从长期的角度来看，文化创意产业与传统产业融合的过程是集群核心竞争力的提高过程。

当集群职能部门进行提升核心竞争力的政策选择时，文化创意产业无疑将会是集群核心竞争力的最佳选择，文化创意产业成为集群主导产业后，将会突出集群核心竞争力的要素特征，提升集群竞争力的竞争优势，带动集群经济的发展，提高集群经济增长模式的转变。

第五章 国内外文化创意产业发展现状

第一节 国内外文化创意产业发展现状

一、英国文化创意产业的发展现状

（一）发展概述

英国是世界上第一个提出"创意产业"概念的国家，也是第一个利用公共政策推动文化创意产业发展的国家。

英国将文化创意产业称为"创意产业"（Creative Industries）。1993年，"创意"一词被正式引入英国文化政策文件，发展文化创意产业即成为新的文化政策核心。1997年，当时的布莱尔政府为改变英国没落的老工业帝国景象，提出"新英国"的构想，并迅速成立了由多个政府部门和产业界代表组成的"创意产业工作组"（Creative Industries Task Force，CITF），布莱尔亲自任主席，对英国创意产业进行跨部门的协调，以满足文化创意产业发展的需要。英国政府此举的目的是要将英国从以前的"世界工厂"变成新的"世界创意中心"，从而提升英国的国家核心竞争力。1998年，CITF提出了第一份《创意产业专题报告》（Creative Industries Mapping Document），这份报告把创意产业定义为："源于个人创造性、技能与才干，通过开发和运用知识产权，具有创造财富和增加就业潜力的产业。"

近20年来，在政府的引导和推动下，英国创意产业增加值占GDP的比重超过7%，且每年都以高于5%的速度在增长，2012年的总收益增长9.4%，成为英国增速最快的产业。从事创意产业的企业超过10万家，从业人员200多万人，占英国就业总数的8%以上，居各产业之首。据英国文化、媒体与体育部2014年1月发布的最新数据显示，创意产业每年为英国经济带来714亿英镑的收益，相当于平均每小时就有800万英镑入账。可以说，创意产业已成为推动英国经济发展的重要动力，在增强英国文化软实力、提高其国际影响力等方面发挥着重要作用。

如今，发展创意产业已成为英国推动经济增长与降低失业率的有效途径，以伦敦为代表的几大城市也逐渐发展成为全球"创意城市"的典型。创意产业有力地推动了城市和周边地区经济的发展。

（二）主要文化创意产业

1. 设计、时尚产业

英国是设计和时尚的发源地和领跑者，其产品无所不包，从家具到一级方程式赛车均囊括在内。英国设计产业充溢着热情和创意，却不失兼容并包的特质。

英国设计产业在许多方面都领先全球，品牌营造与沟通、产品设计、室内设计、多媒体与网页设计、设计策略与管理等方面尤其如此。在畅销电玩游戏和其他数字及网络空间的设计与开发方面，也颇受赞誉。

英国时尚产业总能引发新的潮流和流行元素，产品别出新意，且同时能满足平价与奢华市场的需求。每年两度的伦敦时尚周，早已成为全球最重要的时尚活动之一。英国在男装裁缝上的专业尤其有名，同时也有世界顶级的制鞋、珠宝与配件设计。除了时尚产业外，英国仍然是服装与高级织品的制造中心，越来越多的英国公司采纳新科技与工作方法，以增进其在国际贸易市场的竞争力。

2. 音乐产业

英国的音乐产业发展良好，年产值约达 50 亿英镑，其中出口约 13 亿英镑，净出口收益比英国钢铁工业还要高。而在音乐销量方面，英国市场居世界第三；音乐产量占全球音乐产业的 15%，仅次于美国位居第二。从披头士到北极泼猴（Arctic Monkeys），从辣妹合唱团到黛菲（Duffy），英国持续在流行音乐上取得突破，2008 年全球销售成绩最佳的前十张专辑中，有四张出自英国音乐家。

英国音乐产业有强大的制作团队和成熟的运行机制。英国有 2000 多家唱片公司，1000 多位专业音乐制作人，300 多家录音室，英国音乐人工会的规模比英国煤矿工人工会还要大。英国也是世界级音乐节的所在地，例如格林德波恩歌剧音乐节（Glyndebourne）、格拉斯顿伯里当代表演艺术节（Glastonbury），同时还是世界知名音乐家巡回演出的必经之地。

3. 表演艺术产业

英国的表演艺术闻名世界，表演活动多样，包括剧场、单人喜剧、歌剧、舞蹈、嘉年华、马戏团和交响乐。英国每年有 600 个艺术节，包括著名的诺丁山嘉年华（Notting Hill Carnival）和爱丁堡艺术节（Edinburgh Arts Festival）。

英国的戏剧艺术很早就达到了十分高的水平，在剧目创新、演出质量、演员素质等各方面都很出色。伦敦西区已经成为英国戏剧中心的代名词，该地区是与纽约百老汇齐名的世界两大戏剧中心之一，聚集了 42 家商业性经营的大型剧院。英国戏剧中很多经典剧目带来了强大的品牌效应，如音乐剧《猫》

足足上演了21年，大型音乐剧《歌剧魅影》和《妈妈咪呀》更有全球数百万观众观看演出，产生轰动效应。英国的国家歌剧院与芭蕾舞团名扬四海，世界级指挥家也能与英国交响乐团合作为荣。

文化创意产业的高辐射性在英国有着淋漓尽致的体现，比如高水准的表演艺术就使英国的旅游业包罗万象。根据英国旅游局公布的数字，英国每年旅游收入中约有20亿英镑来自于文化相关的项目。其中，伦敦西区已经成为伦敦旅游业的一个品牌文化创意产业园区，许多海外游客把到西区看演出作为去伦敦旅游的重要项目。丰富多彩的文化生活使得很多外国公司选择伦敦作为驻地，越来越多的国际性会议也选在伦敦举办，一些会议还专门组织到伦敦西区观看戏剧演出。

在全球目前所能看到的表演艺术中，部分最具创新性的技术概念与想法就源自于英国，而英国也提供了世界级的表演艺术教育与训练课程。过去15年以来，英国境内出现了前所未有的投资潮，大兴土木建造新颖且具有代表性的表演艺术会场与设施。

4. 电子游戏制作产业

英国的电子游戏制作产业也不可小觑，其产出居世界第四，全世界前100位最获利的电子游戏就有26个为英国制作。英国动漫界以将学前儿童作为主角的故事短片、动漫设计等享誉世界。例如，阿德曼动漫工厂（Aardman Animations）的《酷狗宝贝》系列曾获得奥斯卡金像奖，在世界上拥有众多忠实的影迷。英国动漫公司开发出"全计算机生成"（computer-generated）动漫技术，在电子游戏与电影视觉特效上得到广泛运用。电影《哈利·波特》神奇逼真的视觉特效，便是由英国动漫工作室制作的。全球最受欢迎的游戏，如《古基奇兵》（Tomb Raider）、《侠盗猎车手》（Grand Theft Auto）等均是英国制作。英国的开发人员被主要的国际电子游戏制作公司，如微软、索尼、迪士尼、任天堂等争相聘用。英国视频游戏的销售额占全球的16%，占据了英国和欧盟三分之一的市场份额和美国10%的市场份额。

二、美国文化创意产业的发展现状

（一）发展概述

美国对文化创意产业的定义始于20世纪90年代初。当时，成立于1984年的美国国际知识产权联盟（International Intellectual Property Alliance，HPA）首次使用copyright Industry的概念来计算广播、电影电视、广告、通信等产业对美国经济发展所做的贡献。1990年，该组织首次研究与版权相关的产业对经济发展的影响，同时将与版权相关的不同产业归到一起。同年，首次发表《美国经济中的版权产业》报告，从扩大就业、促进出口、推动经济增长等多方面评价文化创意产业对美国经济的巨大贡献，此后平均每两年发表一次美国版权产业系列报告。

在美国，文化创意产业被称为版权产业，主要分为核心版权产业、部分版权产业、交叉版权产业、相关版权产业四大类。核心版权产业（core industries）是指主要目的是为了创作、生产、传播和展览版权内容的产业，主要包括图书、报纸、期刊、电影、电视剧制作、音乐、广播和电视广播，和所有格式的软件，包括视频游戏；部分版权产业（partial copyright industries）指在某些行业中只有某些方面或产品的一部分创造出适用于版权保护的内容，包括从服装、纺织品、珠宝到玩具和游戏等众多产业；交叉版权产业（interdependent industries）是指生产、制造和销售促进创造、生产或使用受版权保护的作品的设备的产业，包括CD播放器、电视机、录像机、个人电脑和使用相关产品的制造商、批发商和零售商；版权相关产业（non-dedicated support industries，非专门支持版权的产业）的行业分布包括那些既销售有版权商品又销售无版权产品的行业,包括运输服务、电信和批发和零售贸易等产业,在过去的研究中,只有这些产业的总增值的部分被认为是版权产业的一部分。这四大细分产业的总和被称为"全部版权产业"(total copyright industries)。

美国官方并没有明确的关于创意产业的定义,也没有明确的文化政策。但这并不阻碍美国文化创意产业的快速发展。2016年美国全部版权产业为美国经济贡献了近2.1万亿美元的增加值,是无可争议的美国经济支柱产业。其中,核心版权产业增加值高达12356亿美元,部分版权产业增加值有380亿美元,交叉版权产业增加值为4070亿美元,版权相关产业增加值有4166亿美元。美国成为全球文化创意产业规模最大的国家。

(二) 主要文化创意产业

1. 影视制作

美国的电影公司大部分都集中于好莱坞地区,好莱坞已成为美国影业的标志。时代华纳、迪士尼、米高梅、20世纪福克斯等世界跨国传媒集团都在美国。美国电影产量仅占全球产量的6%,而市场占有率却高达80%。美国影片已取得全球市场的绝对主导地位,在世界150多个国家和地区放映。

美国影视创造了许多知名品牌,拥有全球最丰富的电影品牌资源,其明晰的品牌意识和强势的品牌效应在全球化时代下不断拓展。像《指环王》《米老鼠和唐老鸭》《哈利·波特》等影片在全球有着强大的号召力,通过对品牌的开发,这些影片又可以衍生出巨额的经济价值链,实现滚雪球效应。

2. 图书出版业

美国图书出版业在全球出版业中占有举足轻重的地位,20世纪90年代以来,美国就是世界图书出版业的巨擘。美国出版社的图书采用多渠道发行和销售,而主要的发行方式和渠道有以下几种:大型连锁店、中小型独立书店、专业书店、网上书店、图书馆和专业机构、读者俱乐部、大学超市、邮购直销等。

美国出版业不断与时俱进,探索求变,利用其他媒体完善自己,化消极为积极,构建了借力发展和互助发展的模式。如开辟网络出版、电子出版、多媒体出版等业务,把互联网的冲击转化为自身发展的动力;借助电视进行图书营销宣传,将电视这种强势媒介转化为自己宣传的工具和平台。

美国出版业特别注重图书的宣传和营销,他们在运作畅销书方面有着成熟的经验和一套完整的市场化操作机制。根据不同的图书特点来选用不同的广告形式、宣传媒体、促销策略,注重针对性,突出实效性。通过全方位的媒体宣传和促销策略,增强了图书的知名度和吸引力。

美国现有图书出版社主要包括大众类出版社、大学出版社、政府下属的少量专业性出版社。美国出版社的稿件来源有两种方式:一是作者投稿,二是代理人制度,即代理人寻找高水平的写作者,向出版社进行推荐,并代表作者与出版社谈判各种相关事宜,作者则根据图书销售情况得到相应的版税。

出版商可以通过批发商将图书销售给零售商,最主要的发行渠道则为大型图书零售店和图书俱乐部、网上书店等。像亚马逊网上书店便从事网上书籍的销售业务,网站根据多方考察和信息搜索,列出各种排行榜。这样既让消费者更好地了解到当前最热门、最流行的书籍,减少了搜寻的时间和成本,也给图书做了"广告",扩大了宣传渠道,增加了销量。

3. 软件产业

美国是世界软件强国,其软件产品占全球60%以上的市场份额,还控制着软件开发平台和软件生产的核心环节,占据着世界软件产业链的上游。占领全球制高点的经济发展策略、高度发达的市场环境和丰富的技术资源,使得美国能够以技术创新为目标,积极发展软件产业的高端领域。

目前美国软件业呈现两个方面的显著变化:第一,软件服务增长快于软件产品增长,软件业呈现服务化的趋势;第二,在软件业的高速增长和成本竞争的压力下,美国将不具有核心竞争力的软件生产环节外包给人力资源成本相对较低的其他国家,现已成为全球最大的软件生产外包国。但美国还是掌握着软件开发和生产的核心环节。

三、法国文化创意产业的发展现状

(一) 发展概述

从20世纪末期开始,法国的经济增长速度放缓,失业率增加,整体经济形势下滑,法国政府发现了文化创意产业对经济的重要作用,开始大力扶持文化创意产业,以促进国民经济的复苏。虽然法国的文化创意产业不及美国、英国那样发达,但也有其独特之处。

在政府政策支持下,法国文化创意产业发展趋势很好。图书、出版市场等显得异常活跃,出版业成为法国的第一大文化产业,法国也成为世界图书的生产、销售和出口大国。在全球图书市场中,法国仅图书销售额和版权贸易量就占到14.7%。工业设计、电影、旅游业等也是法国同文化创意产业发展的重点。作为创意产业重点行业之一的法国设计业,具有全球声誉。法国设计业涵盖的设计领域主要包括:产品设计、服装设计、时尚设计、企业形象设计、视觉传达设计、环境设计、包装设计、设计研究等。其中产品设计占所有设计公司业务量的60%。法国的戏剧、博物馆是文化创意产业的重要组成部分。每年约有50000场戏剧演出,吸引着800万个观众。除巴黎外,还有1000多个独立的戏剧公司。法国约有1200座博物馆,每年吸引几千万参观者。还有1500多座历史建筑向公众开放,接待参观者约8000万人次。

当前,在文化创意产业的许多领域,法国都处于优势地位。世界最大的音乐制作、出版和发行企业是法国的环球唱片公司；世界第二大出版商是法国阿歇特出版公司；法国是世界第二大电影出口国、第三大电影生产国和动漫生产国；法国的育碧软件娱乐公司是世界第三大电子游戏开发商；法国还是世界第四大艺术品市场。

（二）主要文化创意产业

1. 设计业

法国的设计产业名满天下，同时也是法国重点发展的文化创意产业。法国设计业涵盖领域丰富，包括产品设计、时装设计、企业形象设计、包装设计、设计研究等与设计密切相关的环节。法国国内拥有专门从事促进创意和设计发展的专业机构和网络，进行相关的管理，及时发布信息和制定相关政策。网站则给设计爱好者提供交流的平台，不断收集来自各方的优秀创意，进而持续提升设计水平。首都巴黎聚集了法国大部分的设计公司，为法国民提供了诸多的设计工作岗位。

法国深厚的文化底蕴孕育着灵感，而设计源于灵感。法国首都巴黎享有创意和设计之都的美誉，引领着世界时尚的潮流。巴黎每年都会举办设计方面的专业会展。这个讲究品位的国家，拥有高品质的艺术行业，其中时装设计业尤为突出，有著名的高级手工订制服务。巴黎每年都要举行针对春夏和秋冬的奢华高级订制时装展示周，成为世界各地媒体和时尚爱好者追逐的焦点，法国则利用这些机会向世界展示法国的创意、设计和时尚，扩大在国际市场的知名度和影响力。

2. 文化旅游业

无数人向往着奔赴法国旅游，去感受浪漫的法兰西气息。因而，文化旅游是法国文化创意产业的重要部分，每年大量游客从世界各地蜂拥而来，为法国带来巨大的经济利益,进而带动餐饮、娱乐、观光等产业的发展。众多的历史遗迹散落在法国各地,卢浮宫博物馆、巴黎圣母院、凯旋门、埃菲尔铁塔、凡尔赛宫等,每个景点背后都蕴含着悠久的文化底蕴,丰富的藏品、艺术瑰宝更让人们目不暇接,这些都为法国发展文化旅游创造了得天独厚的条件。

不仅古迹吸引大量游客,法国的人类文化,如个人艺术表演、美食等也让人新奇。位于巴黎城北蒙马特高地白色广场附近的红磨坊是国际化的知名品牌,这个法式歌舞厅屋顶上装有发着红光的大叶轮,让很多人慕名而来,成为游客们的必去之地。

另外,在景点的设施上法国也毫不含糊,绝大多数景点交通便利,易于寻找。景点的指示标志清晰、统一,旅游咨询全面、快捷。与此同时,法国也注重开发延伸产品。香水、时装、葡萄酒、美食等方面的延伸产品,成为拉动旅游业增长的亮点。

法国政府中主管旅游相关事务的是经济、工业、就业和旅游部,其下属的旅游工程规划署指导协调全国各地旅游规划的编制、监督景区建设。法国地方政府是各项旅游项目的投资"主角",但关于旅游行动尤其是大型旅游项目的筹划及其融资,要征求中央政府的同意。法国地方政府对当地旅游资源进行科学细致的规划和管理,制定发展纲领,使旅游资源合理布局,进而避免了重复投资和低水平开发。

3. 电影业

法国是世界电影的发源地,是世界艺术电影的百年老字号。在好莱坞风靡全球的背景下,法国电影已经成为民族电影独立与抗争的旗帜,法国的电影节则成为世界艺术电影和新锐导演寻梦与追梦的天堂。

艺术电影不同于商业电影,制作和推广更加困难。法国艺术电影的成功需要成熟的电影推广机制、完善的艺术电影院线，辅以影响力广泛的电影节来增加声势，同时还要坚持走品牌之路。法国电影一直不乏经典之作，像《天使爱美丽》《这个杀手不太冷》《布拉格之恋》《漫长的婚约》《放牛班的春天》等多部影片获得了世界的认可和赞誉。法国政府和电影人一直没有停止对影片质量的追求，为促进法国本土电影的发展，展现自己的特色，他们从多方面采取措施。电影产业的发展需要有强大的资金做后盾，法国政府为本土电影及独立小成本电影提供政策和资金的双重支持，各影院的票房税金也有一部分用来资助影片的制作与发行。法国电影在保持自身特色的同时，也积极谋求转型。这些年法国影片开始逐渐关注社会现实，更加贴近生活，注重观众的内心感受，这些改变也获得了观众的认可。此外，为了更有成效地促进法国本土电影的振兴，法国法律规定，电视台必须播放一定数量的本国影片，同时缴纳一定比例的收入用于新电影的制作。

电影节是法国电影产业的另外一张世界性名片，"少而精"可以说是法国电影节的特点。法国的电影节并不多，但是非常有名。比如，戛纳电影节和南特三大洲电影节都是世界电影的盛宴。在长久以来的经营运作下，法国电影节的意义都远远超出了电影节本身，演变成为一场文化产业的盛会，节目拓展了学术会议、旅游观光、时装展览、明星派对、商业推广等各式活动。

四、日本文化创意产业的发展现状

（一）发展概述

日本是亚洲文化创意产业发展最快也是最发达的国家，尤其是日本的动漫产业和工业设计产业，在世界上处于绝对的领先地位。但在日本，一般不采用文化创意产业的说法，而称之为"内容产业。按照内容产业即是文化创意产业的理论，日本界定的文化创意产业包含十几项内容：个人电脑、工作站、网络、电视、数码影像信号发送、数码影像处理、多媒体系统构建、录像软件、音乐录制、书籍杂志、新闻、汽车导航。而按照另一部分学者的观点，内容产业仅仅是日本文化创意产业的一部分内容，其还应包含两部分：一是休闲产业，二是时尚产业。本书认为，后一种划分方法更全面一些。其中，休闲产业包括：学习休闲、鉴赏休闲、运动设施、学校、补习班、体育比赛、国内旅游、电子游戏、音乐伴唱等。时尚产业则包括两部分：时尚设计和化妆品。

日本在 1995 年发表了题为《新文化立国：冠以振兴文化的几个重要策略》的报告，提出 21 世纪"文化立国"的战略方针，计划通过产业运作方式大力扶持、发展文化创意产业，于 2003 年制定了观光立国战略，2004 年颁布《文化产品创造、保护及活用促进基本法》，总的来说，日本一直都将发展文化创意产业提升到国家战略的高度，对其十分重视。

总的来看，日本的文化创意产业领域以动漫业、游戏业、娱乐演出业、出版广告业为主。根据相关统计资料，日本的文化创意产业的规模约占全世界文化创意产业生产总值的 10%。据相关研究，近年来日本文化创意产业对 GDP 的贡献率稳定在 2.2% 左右。按此规模计算，日本的文化创意产业规模仅次于美国，位居世界第二。日本文化创意产业规模的降低与其整体经济低迷不无关系。尽管如此，在日本国内，文化创意产业仍是仅次于汽车业的第二大支柱产业。

（二）主要文化创意产业

1. 动漫产业

日本是世界上最大的动漫制作和输出国，素有"动漫王国"之称。动漫是漫画和动画片的合称。目前全球播放的动画片中有六成都出自日本，在欧洲，这个比例更高，达到八成。在日本，广义的动漫产业对 GDP 的贡献率已经达到十多个百分点，成为日本经济的支柱产业。

日本拥有多家动漫制作公司，同时也汇聚了一大批世界顶尖的漫画大师、动漫导演和动画绘制者。传媒手段的不断进步和完善，为日本动漫市场的开拓和延续提供了良好的条件。在中国，许多孩子都是看着日本的动漫作品长大的，著名的动漫作品有《樱桃小丸子》《名侦探柯南》《蜡笔小新》等。

2. 电子游戏产业

电子游戏产业已经成为日本国家经济的重要支柱之一，从20世纪60年代初"街机"上市，到六七十年代之间开发"家用游戏机"，再到八九十年代的"掌上游戏机"，经过三十多年的耕耘，日本已经把电子游戏这棵"摇钱树"培育成第一时尚娱乐产业，在全球业界曾产生过垄断性的影响。

日本最著名的游戏制作公司任天堂，就是世界第一的游戏机公司。它开发和推广的王牌游戏"超级马里奥"系列风靡全球150多个国家；另一个风靡全球的游戏"俄罗斯方块"也毫不逊色。之后，任天堂的主要业务逐渐转向电子产品方面，研制出影响巨大的Famicom任天堂游戏机，使之迅速成为全球最大的电视游戏公司。随后，Super Famicom、N64、GameCube、wii等主机的问世，更稳固了任天堂在电视游戏界的地位。时至今日，电子游戏业为日本带来了巨额利润。全球电子游戏市场份额中，日本掌握了90%以上的硬件和50%以上的软件，其在全球电子游戏业的地位可见一斑。

近年来，日本游戏行业的发展状况却开始变的不景气，其行业本身也充斥着强烈的悲观情绪。从总体来看，这其中有短期难以改变的行业背景，例如日本人口不断减少与人口老龄化带来的游戏市场萎缩、周边经济体在游戏技术与创意水平上的崛起、日渐增高的开发成本与运营费用使其在市场竞争中处于劣势地位等，但依旧不可否认日本在电子游戏方面所获得的成功。

第二节 国外文化创意产业发展措施

一、英国文化创意产业的发展措施

英国是以政府为主导发展文化创意产业。因此，在英国文化创意产业的发展中处处有着政府的身影，这点与美国的文化创意产业发展模式大相径庭。但是这种模式同样取得了巨大的成功，为促进文化创意产业发展提供了良好的基础和平台，极大促进了英国文化创意产业的发展。

（一）成立文化创意产业规划小组

政府的大力支持，被认为是英国文化创意产业成功发展的关键。英国政府对文化创意产业的发展极为重视。从一开始就成立了以首相为主席的专门小组负责协调、处理、规划文化创意产业的发展，努力为文化创意产业的发展创造良好的外部环境。在首相的协调下，及时跟踪国际文化创意产业市场最新变化、合理界定文化创意产业的发展方向、迅速出台促进文化创意产业发展的政策措施和各种税收优惠都成为可能。政府首脑的坐镇，也有利于各个部门的积极配合。

（二）合理规划文化创意产业分工

英国在进行文化创意产业规划时，选定的都是一些发展比较快、基础环境比较好的产业，这些产业运作一般都较为成熟或者有一定的经验，产业的上中下游都较为完整，这样就能保证产业上下游之间形成有效的衔接，以便互相支撑，互相促进，共同发展。合理的规划为文化创意产业的快速发展打下了坚实的基础。

（三）注重培养文化创意产业人才

优秀的人才参与到文化创意产业当中，是英国文化创意产业能持续健康发展的重要因素。英国较为注重对专业人才的培养。政府通过论坛、会议等多种形式，建立起高校与文化创意企业之间沟通的桥梁。同时，根据文化创意产业发展的要求，高校也适时增加相关课程的设置，供感兴趣的学生进行学习。另外，还将文化创意人员的培训工作接入高校课堂，高校设立多种课程供在职人员进修学习，提高自身素质。英国政府还利用网络手段以及其他教育培训机构，和外国的文化创意人才进行及时沟通，不断提高英国文化创意产业人才的水平。

（四）加强财政资金的大力支持

对于20世纪90年代的英国而言，文化创意产业属于新兴行业。此时的产业发展，需要大量资金的支持。而与传统行业不同的是，文化创意产业的从业者很多是中小型企业，甚至是个人。可是对于银行等融资平台而言，新兴行业风险巨大，前途不明，贸然投资必然不是最好的选择。因此，政府必须在产业发展的初期进行大力扶持。英国政府每年都会向文化创意产业领域投入大量资金，为文化创意产业的发展提供基础资金。另外，政府还通过注入部分资金的办法，引导社会资金进入文化创意产业领域，通过政府主导设立文化创意产业风险投资基金等方式，促进文化创意产业的发展。同时，英国政府通过协商推动英国国家科学技术与艺术基金会（NESTA）等组织为具有发展潜力的文化创意企业提供资金支持。除此之外，英国政府还设立专门部门，负责为文化创意产业从业者提供具有资金支持能力的组织的相关信息，为文化创意企业提供信息渠道。由此,形成支持文化创意产业发展的融资网络,解决文化创意企业发展过程中最困难的资金问题。

(五) 大力发展文化创意产业园区

英国政府在全国设立了多个文化创意产业园区,并在产业园区内合理设置了相关机构,提供一整套完整的服务,如伦敦西区、曼彻斯特北部园区、谢菲尔德文化产业园区均已成为全球著名的文化创意产业园区。通过设立文化创意产业园区,在园区内为文化创意企业提供一系列的支持和服务,采取多种措施支持文化创意企业发展,促使文化创意企业在政策保护下发展壮大。英国的事实证明,文化创意产业园区对促进文化创意企业的发展发挥了巨大的作用。

(六) 积极开拓国际市场

英国政府积极参与文化创意产业国际市场的交流,十分注重开拓文化创意产业的国际市场。英国政府认为,加强与其他国家在文化创意产业方面的交流与合作,有利于消除贸易壁垒,实现共同发展。更重要的是,英国政府自1998年起就成立了专门为文化创意产业向国际市场出口的咨询机构——创意产业输出顾问团,为文化创意产品的出口提供必要的咨询和协助,并协调不同部门文化创意产业的出口活动。这一做法不仅加强了文化创意产业与政府的合作,还促进了金融机构对创意产业的了解,从而为文化创意产业更有效地开拓国际市场提供了机会,使得文化创意企业在必要时能够得到政府和金融机构的海外发展援助。

二、美国文化创意产业的发展措施

美国文化创意产业的发展主要由市场主导,但是,政府的支持作用也不容忽视。通过政府部门颁布的各种立法以及行政措施的引导,为文化创意产业发展提供了良好的外部环境。

(一) 注重高科技的投入

美国政府非常注重加强高科技在文化创意产业中的投入和运用,这是促进美国文化创意产业快速发展的主要因素之一。美国有较为完善的市场机制,这使得一旦有良好的文化创意产业投资机会,就会在第一时间得到有价值的高科技的支持,使得创意产业借助高科技快速发展。反过来,高科技投入在文化创意产业获得成功后,会进一步支持科技研发的投入,形成高科技和文化创意产业互相促进、共同发展的良性循环。

(二) 鼓励大型文化集团发展

美国为了发展文化创意产业,扩大其在全球市场的影响力,鼓励大型文化集团兼并与联合,推动具有全球竞争力的跨国文化产业集团的形成,比如时代华纳、迪士尼等。这些大型跨国集团在全世界范围内建立了庞大的连锁机构和营销网络,完成了对全球文化市场的占有和垄断。

(三) 加强立法,重视版权保护

虽然美国是文化创意产业发展规模最大的国家,同时也是最大的文化产品出口国,但是美国至今也没有设立文化部,甚至没有出台过正式的官方文化政策。可这并不影响其对具体的文化创意产业进行立法,规范行业行为。美国的第一部版权法可以追溯至1790年,后来又在1976年制定了新的《版权法》,并在之后随着时代发展多次修改《版权法》以保护版权,同时配套《半导体芯片保护法》《跨世纪数字版权法》《电子盗版禁止法》《伪造访问设备和计算机欺骗滥用法》等一系列版权保护法规,形成了全球保护范围最广、相关规定最为详尽的版权保护法律系统。美国认为，文化创意产业损失和盗版直接相关，因此为了保护文化创意产业的发展，美国有着完善的版权保护体系和严格的版权保护制度，并在全球范围内不断开展打击盗版的活动，而且还运用《1988年美国综合贸易法》迫使其他国家加强对美国文化创意产品的版权保护。

当前，美国贸易赤字不断扩大，作为美国出口最重要的部分，版权产业在出口和海外销售上依然不断保持高速增长，这又使得美国强化了对其版权保护的力度。美国政府虽然没有设立文化部，但有相当多的机构在负责版权保护工作。比如，在国会设有版权办公室，专门负责版权的登记、申请、审核等工作，以及为国会等行政部门提供版权咨询；美国贸易代表署、商务部国际贸易局和科技局、海关都插手版权的贸易谈判、进出口审核等。同时，还有一系列隶属于政府部门的负责版权保护的小组，比如"美国国家信息基础设施顾问委员会""信息政策委员会"等。

（四）融合多元文化，立足全球市场

美国是一个多民族、多文化的国家，经过多年的互相融合、互相渗透，形成了独特的文化思维和民族习惯，使得文化创意产业在发展过程中能够融合各民族不同的特点，并形成文化元素的创新，为文化创意产业的发展提供了良好的外部环境。

美国实行对内管制宽松、对外扩张的文化战略，其多元融合的文化特点让其可以形成具有国际视野的文化产品并走向国际市场。例如，美国的电影生产总量只占世界电影产量的6%~7%，却占据了世界总放映时间的一半以上，全球正在放映的电影有85%来自美国好莱坞。同时，美国允许全球资本进入美国文化领域，鼓励非文化部门和外来资本的投入，这就比较容易形成

文化产业的跨国经营模式。宽松的环境和全球视角，使得逐利的国际资本大量进入美国文化创意产业，形成了庞大的产业规模。

三、法国文化创意产业的发展措施

面对国际市场上激烈的竞争，法国一直采取积极的应对措施，支持文化创意产业的发展，注重文化与国家形象的相互结合，保持自身文化的独特性、完整性，对外则倡导文化多样性，在开放与保守之中开辟法国文化创意产业的特色发展之路。

（一）财政支持

法国历届政府均高度重视文化事业和文化创意产业的发展。全球金融危机席卷法国，给法国经济造成重创，但法国政府扶植文化创意产业发展的决心和政策没有改变。前法国总统萨科奇表示："我希望文化是法国应对世界经济危机的方法。"在全球金融危机中，法国政府仍对文化创意产业给予了财政支持。文化创意产业成为法国恢复经济、应对金融风险和保持经济稳定运行的支柱产业。法国政府为支持文化创意产业发展制定了一系列优惠政策。

（二）政策支持

作为文化艺术大国，法国政府对文化创意产业予以高度重视，鼓励艺术创作和创新，采取"公共投入为主、国家扶持、多方合作"的政策，文化创意产业以文化和艺术为主轴，具有鲜明特色。

（三）坚持"文化例外"的原则

值得特别说明的是法国政府在发展文化事业、文化创意产业时，在政府管理及政策制定上，坚持遵循"文化例外"的原则。

法国在欧洲乃至全球一直以其悠久的历史文化自傲，并且在政治上、文化上自视为欧洲老大，在欧洲强调自身的政治、文化的独立性。法国政府强调文化产品的特殊性，不可与一般产品等量齐观。在"文化例外"原则指导下，法国政府对影视业予以保护，同时致力于建立统一的欧洲影视市场与强大的美国好莱坞电影产业相抗衡。在美欧自由贸易谈判中，法国总统奥朗德坚持要求将保留"文化例外"体系作为同意谈判的"红线"。法国一名高级官员说："我们的立场很明确。如果视听产业不被排除在外，我们就不会允许启动谈判。"在法国政府支持、保护下，法国影视业保持了自身的个性，发展很好。

四、日本文化创意产业的发展措施

与英国类似，日本的文化创意产业也是以政府为主导的，但又不同于英国。因为与英国相比，日本的地方政府有更大的自主权。二战后，日本不仅实现了经济的快速腾飞，一跃成为世界第二大经济体，而且其多数产业的技术含量在全球遥遥领先，这与整个国家对文化创意产业的重视密不可分。日本的地方政府在促进本国文化创意产业方面发挥了更为重要的作用。

（一）通过立法规范文化创意产业发展环境

为了给文化创意产业发展提供良好的外部环境，日本政府先后制定了一系列完善的与文化创意产业发展息息相关的法律法规。2001年日本国会提出了《振兴文化艺术基本法》，明确提出对漫画、电影等文化创意产品的知识产权进行保护。同时，为了维护文化创意产品的著作者的权利，修改了《著作权法》并更名为《著作权管理法》。2004年5月，日本国会通过了《创意产业促进法》。这在日本文化创意产业发展史上具有里程碑的意义。该法规定了国家、地方政府、公共团体都有义务积极推动扶持文化创意产业的发展。

另外,《IT 基本法》《文化艺术振兴基本法》《知识财产推进计划 2005》等多部法律都为日本文化创意产业发展提供了良好的外部环境。

(二) 政府主导成立文化创意产业投资基金

日本政府为了引导文化创意产业的发展,于 2000 年联合银行、证券公司及其他民间企业共同成立了创意产业投资基金,投资于电影、电视等文化创意产业。随后,日本政府采取多种措施,制定了一系列文化创意产业投融资制度,包括成立政策性投资银行。并且放宽了对文化创意产业的限制,允许以著作权等为抵押向银行融资。政策性投资银行的成立,对促进文化创意产业的发展起到了极大的促进作用。另外,政府制定多项政策吸引民间资本进入文化创意产业领域,扩大了文化创意产业的资金来源。实践证明,日本的民间资本在文化创意产业发展中正发挥着越来越重要的作用。

(三) 发挥民间行业协会的推动作用

日本与其他国家不同,具有很多文化行业协会,而且几乎每个行业都有自律性的组织或者机构。这些自律性的组织或机构以法人形式存在,负责规范行业内的行为,维护会员合法权利,其作用类似于延伸的政府组织。这些自律性机构在文化创意产业发展过程中也起到了巨大的推动作用。

(四) 注重海外市场的开拓

日本政府十分重视文化创意产品的海外输出,一方面在国家战略中明确提出日本政府和在外使馆有义务帮助开拓文化创意市场,积极帮助企业走出国门,开拓海外市场;另一方面建立了专门的机构打击盗版行为,在海外活动中强化日本文化创意产品的形象,维护日本文化创意产品的利益,对海外市场的侵权行为通过诉讼进行维权,多种措施促进日本文化创意产品的出口。

(五) 重视对文化创意产业人才的培养

日本政府十分重视对文化创意人才的培养。在 2005 年公布的《知识产权推进计划 2005》中，明确强调要注意培养文化创意人才。近几年来，日本政府在高等院校中设立与文化创意产业相关的专业，进行全面的人才培养。值得提出的是，日本在影像制品制作产业振兴机构中设置了专门的人才培养部门。同时，日本政府还注重调动文化创意人才投身文化创意产业的积极性，通过政府组织多类评奖活动的形式吸引更多年轻人投身文化创意产业，有效推动了文化创意产业的发展。

第三节　国外文化创意产业发展对我国的启示

从发达国家、新兴国家及地区的文化创意产业发展历程与经验看，实现文化创意产业持续、均衡、全面的发展，可以借鉴下列发展措施：

一、加大文化创意产业资金投入

从发达国家的发展经验可以看出，凡是文化创意产业发展较快的国家，无一不是加大对文化创意产业的资金投入，这些国家由政府直接投资，或引导社会资金投入。

比如，英国政府对文化创意产业的支持大大推动了这一产业的发展。政府支持的一个重要途径，就是加大对文化事业的大力投资。正如英国前首相托尼·布莱尔所说："我们认识到了对文化艺术进行政府补贴的重要性——

资金规模增长到了每年 4 亿英镑。免费参观国有博物馆和美术馆的人数增加了 3000 万，这些人有机会目睹了举世闻名的藏品。这些数字体现了英国人对待文化的独特方式。"英国艺术委员会的基金在过去 10 年按可比价格计划增长了 73%，其中剧院基金规模翻了一番多，由此，英国新建了 100 多个文化艺术设施，近 500 个原有的文化艺术设施得到修缮。文化媒体部对博物馆的投入在 2008 年达到 3.36 亿英镑，比 1997 年增长 28%，投入的增长主要用于国有博物馆的免费参观，游客人数增长了 40%，博物馆自身盈利能力也得到大大提高。

二、注重文化创意人才培养

人才是文化产业发展的基础。注重人才培养，以良好的机制激励人才成长、吸引人才投身文化创意产业，是文化创意产业较为发达的国家的一个成功经验，也是产业获得长久发展的一条必由之路。

美国对文化管理学的研究和文化人才的培养处于领先地位。美国有多所大学开设了与文化管理相关的课程，文化管理已成为大学里的一门独立学科，形成了从本科、硕士到博士的全方位人才培养体系。除了在本土培养人才外，美国还从各国引进大量优秀文化创意产业人才，促进美国多元文化的相互融合，促进美国文化创意产业的发展和进步。据统计，在苏联解体之前的 1990—1991 年，移居美国的文化界人才就有 3 万多人，其中著名人士达 1500 人，这些移民对美国文化艺术各个方面的发展都做出了重要的贡献。

三、发展科学技术推进文化创意产业发展

文化创意产业的存在与发展，建立在现代技术体系之上。互联网、通讯网、

广播网、软件、3D 打印、电子技术等基础设施和技术的存在与发展，为文化创意产业提供了市场、需求、销售与展示平台，同时也改变着文化创意产业的生产模式、销售模式、产品形态、商业模式。例如，现代版权产业的运营模式就是以"创意+科技+资本"为经营理念的。当代电子技术不断改变着电影、电视节目的形式，通过现代技术手段，电影、电视节目的表现力得到了空前的增强。随着技术的发展，通过手机观看电影、电视节目已经成为时尚。

科学技术的进步，使核心文化内容可以"跨媒体叙述"，增加了核心文化内容的张力。例如，一本《三国演义》，可以出版小说、连环画，也可以改编成动漫、游戏甚至扑克牌。又如，实体博物馆可以予以数字化，成为"网上博物馆"。从某种意义上说，所有文化创意产品部可以以虚拟状态存在于网上，从而改变人们的消费与观赏方式。

可以说当代科学技术创造了当代文化创意产业。科学技术落后的国家，文化创意产业必然落后。能够及时把科学技术成果应用于文化创意产业的国家，必定在文化创意产业发展、竞争中占据优势。

科学技术在文化创意产业中的广泛应用，使文化创意产业在很大程度上带有科技竞争的色彩。美国文化创意产业的成功，很大程度上就是源于科技创新和科技创新成果的创新应用。美国是全球科技创新最活跃、最领先的国家，其文化创意产业具有较高的科技含量。如果缺少了电视、电影、计算机、手机、3D 打印机这些现代科技成果的支撑，美国文化创意产业优势就不会如此显著。尤其是在大众传播媒介领域，印刷复制、录音录像、电子排版、网络传输、数字化、地球通信卫星等高新技术的广泛应用，使美国文化创意产业占领全球市场的竞争优势。

第四节　我国核心城市文化创意产业的发展

进入 21 世纪以来，我国各地区文化创意产业得到快速发展。文化创意产业一方面推动了城市经济发展、文化繁荣，一方面成为城市的亮丽名片，提升了城市的品位和形象，带动了就业。因此，我国的大城市都高度重视文化创意产业的发展。其中北京、上海、深圳、天津、广州、重庆、杭州、长沙、大连、哈尔滨、西安、成都、昆明等地发展尤为迅猛，已经成为文化创意产业发展的核心城市。北京、上海、广州、深圳、长沙、青岛等城市则成为全国文化创意产业发展的龙头。

一、北京文化创意产业的发展

从 2005 年起，北京的文化创意产业发展势头强劲。北京市已经把发展文化创意产业作为一项重要的战略决策，是增强自主创新能力、建设创新型城市的有力举措。北京市作为中国的政治、经济、文化中心，具有科研、人才、市场、信息、文化的独特优势，创意产业每年都创造出可观的产值增加额。可是，文化创意产业的发展还存在着一些制约因素，比如：产业资金短缺，融资难，市场准入限制多，结构型、复合型人才短缺，产业的知识产权保护模式虚化等，这就需要制定相应的产业政策为文化创意产业的发展创造更和谐的市场环境，充分利用潜在资源优势促进创意产业的健康发展。

北京市文化创意产业以集聚式发展为特点，由北京市政府分四批认定了 30 个市级文化创意产业集聚区，这些集聚区是整个文化创意产业发展的主要力量。30 个集聚区分布在北京市 16 个区县，其中朝阳区以 8 个文化创意产业集聚区居于榜首，海淀区有3个，其余各区1~2个不等，从地理分布上来看，集聚区主要集中分布于主要城区，远郊区县大部分只有1个集聚区。而从2014年开始，北京市政府在原有的文化创意产业集聚区基础上，提出了文化创意产业功能区发展的新规划。北京市政府在2014年5月印发了《北京市文化创意产业功能区建设发展规划（2014—2020年）》，之后在"十三五规划"中提出了"在市级文化创意产业集聚区和国家级产业基地、园区的发展基础上，统筹整合资源，着力优化文化创意产业空间布局"。这标志着北京市文化创意产业的发展步入了"功能区"引领的新时代。

二、上海文化创意产业的发展

上海是我国率先发展文化创意产业的城市。在实践推进中，上海文化创意产业在不断创新、突破和发展，总体上看，上海在文化创意产业的发展上一直居于全国领先地位，这体现在多个方面，包括产业规模持续扩大，产业结构不断优化；产业载体日趋多元化，重大项目的集聚效应和品牌效应显现；企业活力增强，"大、中、小"各种所有制企业齐头并进；产业空间布局向"一轴、两河、多圈"集聚，呈现产城融合态势。

文化创意产业是一个动态发展的新产业，从理论上来讲，自1998年英国倡导发展文化创意产业至今十多年的历程中，文化创意产业随着实践的发展和环境的变化，也经历了从1.0到2.0，再到3.0的演变和升级，不同的发展阶段，价值和目标是不同的，而政府相应地所采取的政策和举措也不相同。

文化创意产业正在成为引领和支撑上海新一轮发展的支柱产业，对上海全市经济发展的贡献率逐年提高。2013年，上海文化创意产业实现增加值2500亿元，同比增长10.1%，占全市生产总值的比重约为11.5%；2014年，上海文化创意产业增加值预计占到GDP比重的12%，提前一年完成"十二五"规划目标。

三、广州文化创意产业的发展

广州市社会科学院公布的广州蓝皮书系列成果《广州文化创意产业发展报告（2016）》显示，2014 年，广州市文化产业法人单位有 31430 家，文化产业增加值 849.34 亿元，占地区国内生产总值的 5.08%，其首次成为国民经济的支柱性产业。2015 年，全市文化产业增加值规模扩大到 933 亿元，占 GDP 比重提升到 5.15%，文化产业的整体实力和市场竞争力日益提高。

报告提出，广州文化产业快速发展，地位不断提升，在就业、税收等方面的贡献价值日益突出；文化产业投资增加，以自筹资金为主；对外文化贸易形势平稳，文化产业园区加速发展，创客空间发展活跃；文化产业新业态不断涌现，位居全国领先地位。

广州市文化产业发展将面临来自国内外的竞争压力。快速增长的经济和广阔的市场前景，使中国成为世界投资最集中的地方之一，吸引世界各国文化产业不断涌入。对于广州来说，文化产业还面临国内先进城市及周边城市的竞争压力。由于北京、上海、杭州、天津等城市纷纷出台政策扶持文化产业发展，使得未来国内文化产业竞争日趋激烈。

四、深圳文化创意产业的发展

作为全国较早发展文化产业的城市，深圳早在 2003 年就将文化产业列为与高新技术产业、现代金融业、现代物流业并立的四大支柱产业之一。依托市场、产业和科技优势，深圳率先探索出"文化+"的发展模式，使文化产业在促进经济转型升级和结构调整中发挥出重要的示范作用。

多年来，深圳坚持创新驱动战略，培育"文化+"新型业态，打造领军企业和知名品牌，提升文化创意产业的发展质量，为供给侧结构性改革做出新探索。

自2004年深圳提出"文化立市"战略13年以来，深圳文化创意产业保持了平均20%的增长速度，已成为我国文化输出的重要基地和主要口岸。2016年，深圳文化创意产业增加1949.70亿元，增长11.0%，占全市GDP的10%。

五、长沙文化创意产业的发展

文化产业已成为长沙名副其实的支柱产业，而随着大项目、大园区、大产业带的建设推进，长沙文化产业正迎来大爆发。

近年来，长沙按照错位发展、协同发展、集聚发展的理念，努力推动长沙文化产业发展形成"两带、三圈、四极""五城、六廊、十园"的总体布局。文化产业的发展沿"两条主线"展开：一是以历史文化遗产与特色优势资源为主线而展开的文化创意产业；二是以现代文化创意与数字网络平台为主线而展开的文化创意产业。目前，全市共有国家级文化产业园区和基地13家，省级示范基地和重点园区13家，市级示范基地和重点园区14家。其中长沙天心文化产业园为中部唯一的国家级文化产业示范园区，中南国家数字出版基地为继上海、重庆和杭州之后的第四个国家级数字出版基地，长沙天心广告创意产业园为首批"国家广告产业园区"，长沙已初步建成国家文化产业示范园、国家数字出版基地、国家广告创意产业园的"两园一基地"格局。

六、青岛文化创意产业的发展

青岛市发展文化创意产业具有得天独厚的优势，黄海之滨的青岛以岛上

"山岩耸秀，林木翡郁"而扬名天下，是著名的文化名城，而且在近代史上占有重要的地位。今天的青岛是我国重要的经济重镇，青岛市拥有中国最大的矿石和原油码头，是北方最大的集装箱港，也是中国著名的"品牌之都"。从全国区域经济布局上看，青岛市地处环渤海经济圈的核心区域，所处的中国北部沿海的黄金海岸，在中国对外开放的沿海发展战略中占有重要的地位。在这些优势条件下，21世纪初青岛市的文化创意产业发展开始全面展开，现在已经颇具规模。

以即墨区为例。即墨区已形成包括新闻出版、包装印刷、网络文化、图书音像、休闲娱乐、文艺演出、群众文化等行业在内的综合型文化产业体系，全区目前共有印刷企业458家，娱乐场所31家，各类网吧273家，出版物印刷企业3家，电影放映单位6家，营业性演出单位73家，影视企业5家，各类文化创意企业30余家，文化产业已成为全市经济社会发展重要的组成部分和新的增长点。近年来，即墨区又紧紧抓住发展机遇，超前规划，合理布局，依托地域优势和包容发展的思路，积极培育增长基础，创新发展模式，推动文化创意产业健康快速发展，2016年，即墨区文化产业增加值同比上年增长18.3%，达到119.1亿元，占全市GDP总量10%，文化产业增加值总量位列青岛市各区市第二。

第六章 文化创意产业融资

第一节 文化创意产业融资概述

一、相关概念

(一) 投资

投资是经济学上的一个重要概念,它与现实生活贴的很近。国家计划投资研究所给出的定义是:"在内涵上,投资既是指为获得预期效益的一定量货币、资金,也是指这种预期效益的实现过程。在外延上,投资既是指固定资产投资及实质资本的形成,又是指金融资产投资及虚拟资本的运动。"

在投资的分类上,每个专家给出的分类方式有不同,具体主要是以下集中投资:短期投资,长期投资;易于变现的投资,不易于变现的投资;权益性投资,债权性投资,混合性投资。

投资的渠道也是多种多样,有期货投资,股票投资,房地产投资,储蓄存款,国债投资,外汇投资,黄金投资等。

(二) 融资

融资和投资都是一种经济状态。克劳斯·德尔曼与路德维希·奈斯坦斯基在《联邦德国的企业经营与管理》中提到：企业为自主经营而在金融领域从事的所有资金筹措活动和为此而采取的各种措施就叫作融资。

融资的分类方法也是多种多样，于守法提出的将融资分为：公司融资和项目融资，权益融资和负债融资，长期融资和短期融资。鲍春莉将融资简单分为：直接融资，间接融资。

绝大部分文献中提出将融资渠道简单分为内部融资与外部融资。

邱庆剑与黄雪丽在他们的书中指出，融资的分类可以具体分为：国家财政资金，银行信贷资金，非银行金融机构资金，其他企业资金，民间游资，企业留存收益。

（三）创意资本

资本的种类有很多，根据有关书籍的总结，把产业发展资本的种类一共分为11类，即"货币资本、人力资本、土地资本、原材料资本、设施设备资本、方法和技术资本、时间资本、信息资本、商誉资本、知识产权资本和市场优势资本"，从上述的分类来看，"创意资本"还没有成为单独的一类。但是，如果从经济学的角度看，创意也是一种资本类型。如果将"创意"放在全球化的背景中，放在文化创意产业迅速发展的今天，那么毫无疑问"创意"是一种值得注重的新型资本类型。

随着创意经济时代的到来，创意的推动作用在经济发展中越来越明显，并通过产业化过程，实现了创意的资本化。过去，资本是作为人的异化的力量而存在的，即资本把人固定在经济上。现在人不再作为机器的替代而存在，而是要操控机器，使机器为人所用。例如，计算机迅速发展并普及的时候，人们就会担心是不是计算机最后会控制人类。但是，计算机发展到今天，人们所担心的事情最终没有发生，计算机作为工具，帮助人类工作，为人类节省了大量的时间，人们有了更闲暇的时间去思考和创意，人通过创意实现了对世界的控制。

资本发展到高级形态就不再是传统意义上的人力资本，而是现今人类最稀缺的资本，它的价值不可估量，诚如世界首富比尔·盖茨解释的那样："创意具有裂变效应，一盎司创意能够带来无以数计的商业利益、商业奇迹。"创意，不仅是世界各国资本发展的驱动力，也是世界各国企业之间互相竞争的核心力。

二、文化创意产业融资

文化创意产业融资是指文化创意产业主体的资金筹集行为和过程。

（一）文化创意产业融资的分类

文化创意产业融资可分为负债性融资和股权性融资两大类。

负债性融资情况下企业要按期偿还利息和本金，债权人不能干预企业内部的经营决策和资金的运用，债权人对企业资产没有直接的所有权，对企业经营活动也没有控制权；股权性融资则不同，投资者对企业的投资构成企业的自有资产，投资者有权参与和影响企业的经营决策并且分配企业利润，不过投资的资金是不能撤回的。

（二）文化创意产业融资的特点

（1）投资回收期短

文化创意产业具有收益快、回收期短的特点。以大众传媒为例，所需回收年限仅为8年，比医药、银行、电力、能源等产业的总体回收年限都要短。

（2）利润高

文化创意产业融资不仅收益快，而且往往有超出其他产业的高额利润。

由于文化创意产业高额利润率的特点，文化创意产业已成为我国乃至全世界范围内最具有吸引力的现代经济产业。

（3）风险高

文化创意产业融资的特殊性体现在文化创意产业相对于其他产业的特殊性上，这由文化创意产业自身的特点决定，相对于其他产业来说，文化创意产业有着更大的商业风险和政策风险。文化创意产业融资的高商业风险主要来源于创意产品创造的偶然性和服务需求的不确定性。文化创意产品的创造和服务的提供来源于创意者的创作灵感，也就是创意，而创意的不可预估性决定了文化创意产品不能像其他普通物质生产那样进行大规模的流水线生产。据统计我国每年电影电视产品超过3000部，但是最终形成一定社会影响力的不超过3.33%，即便是闻名于世的好莱坞电影，每年的成功产品也不到5%。文化创意产业融资的高政策风险主要是因为文化创意产业受政策的影响相对于其他产业来说更大，文化蕴含着能够影响和决定人的世界观、人生观和价值观的政治、思想、道德、历史等多种价值，这相对于其他产业来说更为特殊，所以国家对于文化创意产业的政策也就更为特殊。

第二节　文化创意产业融资方式

一、国外文化创意产业的融资经验

（一）英国文化创意产业的融资方式

英国作为全世界文化创意产业发展的摇篮，最早提出把文化创意产业从服务业中独立出来。英国政府在发展文化创意产业方面有很多值得借鉴之处，尤其在产业发展方面采取的一系列有效的融资措施，使得英国的文化创意产业成为全世界发展文化创意产业的典范。

1. 拓展中小企业筹资渠道

英国创意产业从业者多为中小企业，其发展中往往会遇到缺少资金、研发投入不足、无力开拓海外市场等问题。因此，英国政府为了给那些有创新能力的个人或从业者的发展提供资金，出版了《融资一点通》手册，公布了《创意产业资金地图》，指导相关企业从政府部门或金融机构获得资金上的支持（例如，为小型音乐从业者提供被称为 Music Money Map 的资金提供者联络方式），同时提供各种各样的融资渠道，如政府拨款、准政府组织资助、基金会资助等。

2. 国家彩票基金模式

最值得注意的是，英国还采取了将国家彩票基金投资于文化创意产业的新模式，即以法规的形式将国家彩票的部分收入投资于文化设施的建设中，支持优秀艺术门类的发展和人才的培养。在 1995 年到 1999 年间，超过 1000 个艺术项目通过"彩票基金"获得了资助，总额在 10 亿英镑以上。仅彩票收入一项，一年就可以为文化艺术事业筹集到赞助费 6 亿多英镑，极大地弥补了政府文化投资的不足，并兴建了一批文化设施，支持了优秀文化人才的培养。

3. 实行"政府陪同资助"

"政府陪同资助"是英国所特有的发展文化创意产业的融资模式，即如果企业决定投资某一文化创意产业，政府将陪同企业一起资助该项活动，为这项活动的质量和成功打上"双保险"。政府为鼓励企业多次投资，还采用了一定的激励方式。当企业第一次资助时，政府"陪同"资助的资金比例是 1：1；但当企业再次资助时，政府将扩大出资比例，对企业超出上次出资额的部分实行 1：2 的资助比例。这种方式为企业提供了更丰厚的资金支持，提高了企业从事文化创意产业的积极性，扩大了文化活动的规模和影响力。同时，政府角色的介入也使得广告效应增倍。

（二）美国文化创意产业的融资方式

近30年来，美国的文化创意产业一直保持强劲增长，目前美国已经成为全球创意经济量最大的国家，其影视业、广播电视业、报刊出版业、广告业、体育业、旅游业等都十分发达。与英国发展模式不同的是，美国更重视自由和市场，政府从一开始就采取自由竞争的政策，通过市场内在机制刺激产业发展，政府的作用在于创造一个完善的投融资环境。具体来看，美国文化创意产业的融资方式有以下特征：

第一，融资方式多元化。美国文化创意产业的发展以市场为基础，政府的直接投入非常少，联邦政府在政策上采取"杠杆方式"，以"资金匹配"来要求和鼓励多方主体对文化创意产业进行投资，使投资主体多元化。

1. 民间融资

美国的迪士尼乐园、好莱坞环球影城、百老汇等文化设施都是民间的创意，是吸纳民间资本投资形成的。民间资本进入文化创意产业，不仅解决了美国文化创意产业发展的资金问题，而且形成了文化创意产业的竞争局面，保证了足够的、差异化的文化产品供给，更好地满足了人们的文化消费需求，同时促进了文化资本的再循环和文化创意产业的发展。

2. 引入外来投资

为吸引更多资金进入文化创意产业，美国的文化创意市场向国际资本打开了大门，积极鼓励外来资本投资，通过跨国资本运作加速本国文化创意产业的发展。这种开放的投资环境引来了全球更多的流动资本，进一步促进了美国文化创意的发展。

3. 其他资金来源

美国联邦政府还建立了国家艺术基金会、国家人文基金会和博物馆学会等对文化创意产业给予资助,如美国国家艺术人文基金会每年将持有基金总额的35%以上用于向各州及联邦各区艺术委员会的资助和奖励,同时州和市、镇政府以及联邦政府某些部门在文化方面也提供了资助。此外,美国联邦政府还积极辅以财政补贴、税收减免等优惠手段,引导银行信贷资金投向文化创意产业。

第二,设立政策性专门机构。美国联邦政府为了弥补私营金融机构在某些领域融资支持的不足,直接创立了一些政策性专门机构,如中小企业管理局、社区合作银行等。美国中小企业管理局(Small Business Administer,简称SBA)是美国政府为鼓励和扶持中小企业所设立的融资保证和资金支持机构,扶持对象仅限于年销售额在100万美元以下或少于一定人数的中小企业。SBA所提供的融资方式有中小企业贷款保证和中小企业投资公司计划两种。

(三)日本文化创意产业的融资方式

日本文化创意产业近年来发展迅猛,已经和日本钢铁业一样成为日本的支柱性产业。日本的电影、动漫与游戏等内容产业在国内广受欢迎,从20世纪90年代起,日本政府便利用这种产业优势,提出了以创造、保护与活用知识产权为核心的文化创意产业改革措施。

日本文化创意产业的融资方式主要有以下几种:

第一,民间资本融资。日本政府采用多元化投资机制,即政府推动并大力鼓励民间资本和境外资金一起投入文化创意产业发展,如通过税收相关措施鼓励民间资本进入文化创意产业。1990年,日本政府和民间共同出资(其中政府出资500亿日元，民间赞助112亿日元），成立了"振兴文化艺术基金"和"企业艺术文化后援协议会"，以支援各种艺术文化活动。当前，日本大型文化活动的举办多依赖于企业、公司的投资和资金赞助。

第二，建立专业化金融机构。1999年10月，前日本开发银行、北海道东北开发金库、地区振兴整备公团和环境事业团的有关融资业务被合并重组为日本政策投资银行。日本政策投资银行对于增添研究设备、企业研发与新技术引进等经济活动给予了长期低息贷款。2001年，由产业基盘整备基金、中小企业综合事业团和地域振兴整备公团整合成立了中小企业基盘整备机构，申请者在向金融机构贷款时，应向该机构申请债务保证，以保证顺利地从金融机构融资或发行公司债。

第三，基于知识产权的融资机构和体系。日本的企业界同商业银行合作展开了基于知识产权的融资实践。1995年，原日本住友银行推出了以知识产权为担保抵押品的新型融资工具。为进一步规避风险，住友银行和动漫巨头Bandai Visual株式会社共同出资设立多媒体金融公司（以下简称MFI），由MFI先对拟作为融资担保的知识产权进行评估，评估出价值后，以此为担保进行融资。

二、我国文化创意产业的融资方式

我国当前文化创意产业的融资方式主要有下列方式。

第一，通过银行信贷融资。通过银行进行融资是最传统也是最普遍的融资方式，银行能通过资金放贷获取贷款利息从而实现收益。但是银行放出任何一笔贷款，在赚取利息之前首先考虑到的是本金回收风险。因而，文化创意企业要通过银行顺利实现融资一般来说应具备下列条件：一是文化创意企业应拥有可供抵押的资产，这种资产可以是有形资产也可以是无形资产。如一些负责文化产品复印、打印等制作环节的文化创意企业可以以其机器设备或厂房等固定资产作为抵押进行融资；而一些文化创意企业可以以其所拥有的无形资产进行抵押融资，但这种融资方式要求其无形资产具有较高的市场认可度，从而能获得较为稳定的现金收入流，进而降低企业的还贷风险。如华谊公司在拍摄《夜宴》时，就是以该片的海外销售权作抵押，从深圳发展银行获得 5000 万元人民币的贷款。二是银行出于还贷风险的考虑，一般会对处于成熟期、经营模式稳定、经营绩效较好的文化创意企业，优先给予信贷支持。

第二，民间借贷。目前，这已经成为中国文化创意企业融资的主渠道。在当今社会中，无论是从理论上还是在实践中，均认可人力资源、知识产权、品牌价值等无形资产的经济价值，对于这类资产来说，最有效的投融资方式是风险投资。民间资本作为风险投资的重要来源，将在这一过程中发挥重要的作用。事实上，这一点已经在生物制药、电子产品开发等高科技产业的发展过程中得到了证实。风险投资过程包括融资、投资、风险管理和退出四个阶段，它是对企业盈利和管理能力的投资，并通过证券市场和产权市场出售股权，最终实现投资利润，是一种短期或中期投资。然而，资本的本性是追求利润，风险投资更是要求在高风险下获得与之相匹配的高收益。因此，文化创意产业要获得风险投资的青睐，就必须保证风险投资的高收益。而高收益的实现一般需要具备两个前提：一方面，文化创意企业要保持较高的增长率。如英特尔公司、微软公司以及苹果公司自创办以来获得了数十倍的爆发性增长，这种增长速度保障了投资的高收益，因而备受青睐。另一方面，文化创意企业需要具备一定的经济规模。

第三，创业板上市。随着文化创意产业政策环境和经营环境的不断改善，商业银行对文化创意企业融资开始给予越来越多的关注。其实，创业板上市的门槛并不低，甚至接近于中小板。北京大学文化产业研究院文化金融研究中心主任喻文益认为，能够在创业板上市的企业，多在行业内有一定的规模和市场占有率。国务院发展研究中心金融研究所副所长张承忠则将创业板比作文化类企业融资的一扇新窗。她表示，创业板对于文化创意企业来说是一个很好的机会。由于文化类企业的自身特点，其在A股上市的可能性较小，银行贷款需要抵押，文化类企业固定资产少，从银行贷款也不顺畅。创业板主要吸纳的是具有新兴经济增长点的企业，文化创意企业恰好符合这一标准。

第七章 文化创意产业人才的培养

第一节 文化创意产业人才的内涵

文化创意产业人才，顾名思义是指具有一定的创意思想，并从事文化产业的一类人。因此，文化创意产业人才包括创意人才和文化产业人才两个方面。

一、创意人才

（一）创意人才的概念

创意人才，也称创意阶层（Creative Class），最早由美国经济地理学家Florida（2002）提出。他认为创意阶层是包括"超级创意核心"和"创新专家"两部分，凡是以知识、信息或是文化为工作基础的劳动群体，都可纳入创意阶层的范畴。2002年，美国学者佛罗里达在《创意阶层的兴起》中从职业角度提出"创意阶层"概念。佛罗里达将创意人才界定为"具有才能的创意人"，即从事"创造新观念、新技术和创造性内容"的人员；创意阶层是"超级创意核心"和"专业创意人员"的集合。前者包括科学家、工程师、教授、艺术家、作家等具有创造力特质的人员；后者则包括了高科技、金融、法律及其他知识密集型行业的专门职业人员。《简明大不列颠百科全书》对文化创意人才所下的定义为:"与常人相比,他们有时显得很幼稚,有时则很文雅;有时有破坏性,有时则很有建设性;有时更疯狂,有时更理智。"

我国学者对创意人才进行了较多研究。厉无畏(2006)在《创意产业导论》中对创意人才的定义是:掌握有较高水平的知识、具有很强的创新能力,能运用创作技能和手段把特有表达内容和信息转换、复制、浓缩到文化创意产品或服务中,并能推动该产品或服务的生产、流通和经营的人才集合体。楼晓玲、吴清津(2007)从全员角度来界定概念,认为只要跟创意产业链相关的从业人员都属于创意人才。蒋三庚、王晓红等(2009)结合Florida的职业论和楼晓玲等的全员论,根据产业链的不同环节把创意人才分为创意生产者(艺术工作:画家、作家、设计人员等)、策划者(广告策划人、项目策划人等)和成果经营者(项目经理、经纪人、中介人等)三类。龙安梅(2010)认为,创意人才是指从事艺术与文化、设计、媒体等领域的富有创造力、技能与才华的专业人才。赵延芳(2012)认为,文化创意人才是以自主知识产权为核心,以"头脑"服务为特征,利用专业或特殊技能创造高附加值的文化产品或服务的精英人才,具体分为创意生产者、创意策划者、创意成果经营管理者三类。

由于我国对创意人才的研究起步较晚,实际使用中与其相近的概念纷繁芜杂,诸如"创新人才""知识型人才"等。为进一步了解三概念之间的区别与联系,明确创意人才的内涵,我们将研究总结如下:本书认为,创意人才是介于创新人才、知识型人才之间的一个概念。创意人才是具有创新意识、创新精神、创新能力,具体从事创意(文化创意、科学创造或经济创意)生产、策划、经营管理与传播的劳动力群体。随着创意产业逐渐与制造业、服务业甚至是传统农业的融合,创意人才的边界将越来越模糊,大量从事体力或者是重复劳动的群体都有可能加入到创意人才这个群体。

(二) 创意人才的特征

国内外学者对创意人才特征的研究主要集中在与传统产业人才的差异性比较上，总体而言，创意人才在个性特质、心理需求、价值取向、工作方式和工作成果、工作环境偏好方面存在诸多明显的特征。

1. 创造性强

创意人才大部分都拥有较高学历或技术水平，在思维能力、认知能力和动手能力等理性能力方面比普通员工突出。高智商的工作也决定了创意人才对抗压能力的要求较高。创意人才具有较强的创造性，能充分发挥创造性思维，深入洞察技术奥妙，积极主动识别市场机会，创新商业模式。尽管创意人才从事不同类型的行业，身处不同的工作岗位，但他们都富有想象力和创造力，能够通过创造性工作抢占商机。

2. 注重团队合作

在知识经济时代，创意产业发展日新月异，新思想、新技术、新方法、新产品层出不穷，创意产业空间聚集和产业集群协同创新的趋势日益明显。创意产业发展与壮大不仅依靠创意人才个人和单个企业努力，也有赖于创意人群的团队协作和创意企业的协同创新。创意人才不仅具有突出的创新精神和业务能力，也具有较强的团队合作精神。在尊重个性、自主的同时，要通过团队合作和协同创新，以共享的组织文化和产业发展目标激发员工个人的创新精神和团队协作精神。

3. 轻规则、敢挑战

为了和专业发展保持一致甚至领先，创意人才需要不断更新知识。他们往往能够通过自我学习和团队合作来组合新知识、新方法，从而推动创意源的革新。然而，重创新的特性也决定创意人才崇尚个性、自由、竞争、宽松和开放的环境，不愿意受规则或权威的约束。创意人才具有一定风险意识和创新精神，敢于突破陈规陋习，勇于挑战技术权威和知识权威，经常以新思想、新技术和新方法开发新产品、开拓新市场、开创新局面。

（4）求发展、好流动

创意经济本身是富有流动性的新兴经济形态，不再将人们限制在出生地、成长地或受教育城市，创意工作没有固定的程序和步骤。创意人才喜欢开放、多元、包容的城市社会环境，注重自我认同、自我发展和自我价值的实现。与普通员工比较，创意人才自我价值导向更为突出，内在需求呈现多样化，更加关注专业特长的发展和工作成就的认可。一旦企业忽视或者不能满足员工的高成就需求，他们便会跳出原单位，寻找更广阔的发展平台。美国职业培训与开发委员会把工作生活质量界定为，"工作生活质量对于工作组织来讲是一个过程，它使该组织中各个级别的成员积极地参与营造组织环境，塑造组织模式，产生组织成果。这个基本过程基于两个孪生的目标：提高组织效率，改善雇员工作生活质员"。创意人才重视工作生活质员，在积极、努力工作的同时，致力于追求工作生活质量的提升。对于企业组织管理者而言，要努力改善创意人才的生活福利、薪酬待遇、工作环境、员工关系，以扩大员工参与决策、促进创意人才的职业生涯发展为手段，达到提高生产率和员工满意感。创意人才重视工作的意义、灵活性和挑战性、同事的尊重、技术要求以及自我价值的实现。

随着信息技术的突飞猛进，办公自动化程度不断提高，创意人才对工作时间和工作场所安排的自主性、灵活性的要求不断提高。创意人才对城市生活条件有较高的要求，便利、良好的城市生活条件能够吸引创意人才，激发创意人才的工作热情。

二、文化产业人才

文化产业人才，从产业链的角度可以分为三类，即文化创意型人才、文化经营型人才和职业技能型人才。

1. 文化创意型人才。

文化创意型人才也称核心人才，主要从事内容的创作和设计制作，这是文化产业价值体系中的核心部分。这类人才的核心特征是其文化的创新性，就是一种将抽象的文化直接转化为具有高度经济价值的文化产品的创造能力，可称之为"专长"。对这一类人才的基本要求是工作性质具有创造性、文化和艺术素养较高、知识结构和能力结构呈复合性、具有敏锐的市场意识、团队归属具有流动性。

2. 文化经营型人才。

文化经营型人才能够对产业环境进行科学的评估和把握，从而制定出企业发展的战略，选拔创意人才，对策划、设计、生产、包装、销售等各个环节进行规划、统筹和运作，并能站在行业的角度审视本企业的发展方向，及时调整经营策略。同时，这种人才还要具备一定的资本运作能力，熟悉金融领域的同时又有较高的文化产业投融资水平。

3. 职业技能型人才。

这类人才应该具备从事文化产业所需要的基本理论和知识，具有较强的理解力、执行力和组织协调能力，同时具有丰富的实践经验和专业技能，具有处理和解决实际问题的能力，具体负责和执行文化产品的制造、销售和推广。

前两类人才属于文化产业的高端人才，在整个文化产业从业人员中属于少数，但具有较高的附加值；后一类人才属于文化产业的中端人才，在整个文化产业从业人员中属于大多数，是文化产业劳动力的主体，是把文化创意转变为文化产品，并进行营销推广的主力军。

第二节　国外文化创意人才的培养模式

一、英国文化创意人才培养模式

创意产业是伦敦第二大产业，仅次于商业服务业，已超制造业、零售业等行业，伦敦被誉为世界"创意之都"。在文化创意人才培养方面主要采用多元融合型模式。

（一）注重知识产权保护

英国政府高度重视知识产权保护。英国政府对知识产权的保护由来已久，1623年颁布的《垄断权条例》是世界上第一部正式、完整的专利法，1709年颁布的《安娜女王法令》是世界上第一部具有现代意义的著作权法。1875年，英国皇家委员会建议把《安娜女王法令》强化为英美政府间的双边协议，对英美作者实行互惠保护。此外，英国政府参加了一系列保护知识产权的国际公约，如1883年保护工业产权的《巴黎公约》、1886年保护文学艺术作品的《伯尔尼公约》、1961年《罗马公约》、1970年《专利合作条约》、1994年《知识产权协议（TRIPS协议）》等。英国知识产权保护的法律适用包括两个层次：一是适用欧盟的知识产权法律。欧盟有关知识产权法律适用的法律在英国知识产权法律适用体系中居于最高地位。二是适用国内法。英国法中有关著作权的内容涉及1988年《著作权、产品设计和专利法》，该法历经多次修订，即1995年《著作权期限及权利实施条例》、1996年和2003年《著作权及相关权利条例》、2005年《著作权（直布罗陀）令》、2005年《著作权和表演（适用于其他国家）令》等。

早在1852年，英国政府颁布《专利法修正法令》并设立英国专利局（UKPO），该局于1990年成为政府机构，隶属于英国贸易和工业部（DTI）。UKPO的主要职责包括：专利、外观设计和商标等申请的受理和审批；促进和支持知识产权法律及知识产权保护的相关活动；执行专利法、外观设计注册法、商标法、著作权法及其他知识产权的相关立法；努力确保英国工商业特别是中小企业掌握和运用知识产权，提升其地位和竞争力；努力保证学术界的研究活动能够获得应有的回报；协调相关国际事务。2007年4月英国专利局正式更名为英国知识产权局。英国政府对知识产权的保护激发了创意人才的积极性和创造性，激发推动了创意产业的规范和可持续发展。英国知识产权局每年发表年度报告和企业计划，组建了反知识产权犯罪小组，扩大知识产权的保护范围，原创性音乐、戏剧、录音、计算机软件、植物新品种、地理标志、基因、蛋白质、数据库、有艺术创意的广告、译著等都被纳入知识产权保护范畴。英国重视对专利、商标、版权管理人员的培训。英国版权及著作权许可机构的职能是通过联系出版商协会和作者协会，收集国内外信息，把版权的使用权出售给学校和科研院所，根据再版数量的情况，把收取到的费用分配给版权所有人。

（二）重视对创意人才的资金支持

为解决创意企业的筹资困难，英国政府采取有效措施，积极鼓励、支持和帮助创意人才，为其提供创意资金。早在1997年，英国文化创意产业专职小组就将寻求资金作为工作重心。英国科学、技术及艺术基金会（NESTA：National Endowments for Science, Technology and Arts）向具有创新电子的个人提供发展资金；文化、媒体、体育部搜集各地可提供创意资金的联系方式，公布《创意产业资本地图》，为中心企业筹集资金指点迷津。英国政府支持发展民间创意资金平台，如民间机构英国创意产业局下设风险投资机构和咨询评估机构，为创意企业提供资金培育了大量创意企业。英国政府出资支持专业性机构或协会，如艺术委员会，使之提供大众艺术教育。在英国艺术委员会的常规资助机构中，有90%以上的机构都有艺术教育的功能，33万青年人被纳入了创意合作伙伴计划中，大约3000个学校在音乐、舞蹈、戏剧、艺术和设计等学科设置了艺术学分。英国政府还资助成立"人民网络"计划（People's Network）帮助公共图书馆开通了互联网终端。英国文化、媒体和体育部出版《融资一点通》指导手册，帮助企业或个人从金融机构或政府获取资金。

（三）以包容性文化助推创意人才培养

英国以包容性文化著称。2000年，英国成立了电影委员会，每年投入100万英镑用于创意产业教育与培训，推出"星光计划"以培养青少年参与影像制作。英国政府将大量的美术馆、博物馆、艺术馆免费对学生开放，为青少年营造良好的艺术氛围。英国成为世界创意中心后，其专业设计和设计人才吸引了不少知名企业前来建立设计和研发中心，许多享誉国际的外国品牌产品如苹果的IPOD、宝马的MINI汽车的创意灵感都来自英国设计师，英国已逐渐成为世界创意之都。英国产业技能部门联合各大学在校内开设学制3年的人才再造工程，开设课程涵盖摄像、录音、动画、编辑、导演、作曲等10多个领域，促进创意人才的潜能开发。伦敦都会文化丰富多彩，大伦敦区居民的语言达300余种。作为全球第三大金融中心，伦敦吸引了来自世界各地的媒体人、电影人、音乐人、艺术家等创意人士。英国政府还出台一系列吸引创意人才赴英留学深造的政策，筑巢引凤，为国际化创意人才培养营造宽松的政策环境。伦敦还建立专门从事文化创意产业的街区，促进创意者成长成才，助力大都市圈创意产业发展。

二、美国文化创意人才培养模式

美国主要采用教育机构推动型文化创意人才培养模式。具体表现如下。

（一）以高校为平台，重视创意通才培养

美国高校创意教育注重培养创意通才，培育和提升多领域、跨学科的创意思维和创意修养，重视激发学生的好奇心与批判性思维训练，通过跨文化教育拓宽学生的理论视野，丰富学生的创意文化知识结构，着重培养学生的团队协作能力。如伊利斯诺大学广告系倡导提升学生在广告及相关领域的分析、创意和决策能力，在信息技术与信息技能方面的分析运用能力，对行为学、统计学和网络等相关学科的熟悉和掌握，并能结合这些技能和知识在广告实践中应用，重视学生对广告与社会、经济和政治密切关系的深入理解。高校课程大致一般分为人文、社会、自然三类，其中英文写作、数理统计、外国语文被列为基本必需或基本能力课；思考推理（包括逻辑思考、批判能力等）、应用技术（包括数学统计、自然科学等）、表达能力（包括英文写作、口语表达等）及综合文化素养是通识课程设置的基本方向。美国高校创意课程设置也体现整合理念，如密苏里大学的广告课程包括跨文化新闻、全球传播、广告对美国文化的冲击、创意技巧、公关技巧、互动技巧、媒体销售、创意投资、媒体战略计划等；田纳西大学广告课程包括了人类学、会计学、管理学、活动策划方法和技巧、英语文献选修、经济学、统计学、心理学、营销学、公共关系、传播研究等；得克萨斯大学奥斯汀分校广告课程包括创

意与美国文化、艺术方向、广告与社会、数字媒体研讨会、非营利组织的整合传播、投资组合、媒介法规与伦理、数字测量及网络隐私、广告流行文化等。一些高校通过开设国际化课程实现了跨国创意文化教育资源的有效整合，以培养和提升学生的跨文化沟通与交流能力，熟悉和了解不同国家的创意文化底蕴及其特点。美国从事创意教育的教师普遍具有高学历和丰富的教学及实践经验，教师的专业背景涉及大众传播、广告学、管理学、经济学、心理学、社会学、艺术学及其他人文社会科学等不同领域。一线教师大都具有丰富的业界工作经验。圣乔治州立大学的广告专业在10门专业主修课程中，将"信息环境"、"新技术实践"课程列为学生的必修主课，将学生到广告公司的实习列为本科教学的重点内容。

（二）发挥美国总统艺术人文委员会的政策咨询作用

美国总统艺术人文委员会成立于1982年，旨在为白宫提供文化政策咨询指导，并通过与美国国会艺术基金会（NEA）、美国国家人文基金会（NEH）、美国博物馆和图书馆服务协会（}MLS）等机构深度合作，共同推动美国创意文化产业发展和创意人才培养工程。美国总统艺术人文委员会以及其他联邦政府机构、私营企业共同发起并支持众多艺术人文项目。总统艺术人文委员会的委员包括两部分：一部分是由总统任命的人员，包括杰出艺术家、慈善家、企业家以及其他对艺术人文领域的发展做出卓越贡献的国家公务人员；另一部分是各公共机构代表，包括国家艺术基金会主席、国家人文基金会主席、博物馆和图书馆服务协会主任、国会图书馆馆长、内政部部长、国务卿、教育部部长以及其他联邦文化机构的负责人，如国家艺术馆馆长、肯尼迪艺术中心和史密森尼学会的负责人等。美国总统艺术人文委员会发起了一系列联邦计划，包括"国家艺术与人文青年奖励计划"（The National Arts and Humanities Youth Program Awards）及"电影前锋"计划（Film Forward）等，促进了美国联邦文化机构、艺术人文团体及私营企业之间的沟通与交流，推动了文化创意产业发展和创意人才培养。

（三）以创意工场助推创意型人才培养

美国《纽约时报》专栏作家格特尼为追溯贝尔实验室的历史，曾描绘数位对当代通讯和电脑技术做出卓越贡献的杰出科学家、工程师和技术领导者。

他们都是创意人才的佼佼者，他们的成功离不开贝尔实验室浓郁的创意氛围。贝尔实验室注重激励研究者们进行持续的技术创新，信任实验室战略和技术规划的领导者，招募"最优秀最聪明"的研究人员，免去他们申请国家经费的压力，创造了一个鼓励长线思维的环境，支持雇员在拥有"有限自由"的同时进行"自由实践"不同于一般的商业实验室。贝尔实验室办公室的房门是敞开的，学科间的藩篱是宽松的。Inventionland 是美国最大的创新工厂，隶属于美国大卫逊产品研发中心（Davison Design &Development），每年会推出 2000~2400 项最新创意发明。创新也是 Inventionland 的企业使命。Inventionland 的工作环境由该公司设计师们亲手设计和打造，共分 16 个主题，有海盗船、人造洞穴、巨大的机器人、塔楼、城堡等。进入到 Inventionland，你看到的是瀑布、树木、蝴蝶，听到的是水声、鸟鸣声，犹如到了一个世外桃源。

三、日本文化创意人才培养模式

日本政府大力推动创意人才培养与开发，形成了政府主导的文化产业创意人才培养模式。

（一）实施知识产权保护战略

2001年，日本政府推行知识产权立国战略，明确提出10年内把日本建成世界第一知识产权国。2002年，制定《知识财产战略大纲》和《知识财产基本法》，2005年6月，知识财产战略本部制定《知识财产推进计划2005》。建立对专利持有者的利益回收制度，从技术和专利权益上给予实质性的保护，推进国际版权制度的调和，加强版权教育，简化版权法等。注重保障文化创意产业从业人员获取相应报酬的权利，进行从业人员权利的集中管理，加强外包合同签订的法制化建设，构建公平、公正、透明的文化创意产业市场。在资金方面，政府改革文化创意产业的资金筹措制度，放宽对资金筹措的限制，鼓励对文化创意产业的投资，扶植中小型企业的发展；改革流通方面的法律制度，如进行税制改革等，放宽对文化创意产业的政策限制，激发其经济活力；整顿文化创意产业的交易市场，促进交易的公平化、公正化。此外，日本政府还给予一般受众充分享受文化创意产业的机会，如完善网络检索等服务、加强对文化创意的收集、保护与利用等。

（二）以文化创意产业园区集聚人才

建立文化创意产业园区，为文化创意人才提供交流平台。日本政府高度重视创意人才集聚效应，通过建立创意产业园区，为创意人才提供发展和交流平台。以东京动漫人才集聚地杉并区为例，2000年杉并区开始实施日本第一个动漫产业扶持政策，杉并动漫节组委会成立了杉并动漫振兴协会，通过举办研讨会、普及动漫文化等活动以达到吸引和培育创意人才。在创意产业园区的规划建设中，日本各级政府加大扶持力度，构建集约化、规模化产业经营模式，支持创意行业协会规范化发展，并将部分政府的文化管理职能下放到各行业协会。政府主管部门通过行业协会建立与企业的长效沟通交流机制，支持创意企业引进和培养创意人才；通过成立专项基金，建立激励机制促进创意企业产品研发和创意人才培养；定期组织海外考察、国际论坛，推动创意人才沟通和交流。

（三）完善创意产业管理法规

日本政府重视创意产业管理法制建设，通过制定、实施创意产业管理法律、政策，为创意发展营造了良好的法治环境，以法制手段为创意人才培养与开发保驾护航。自2000年以来，日本政府相继出台《信息技术基本法》《文化艺术振兴基本法》《知识产权基本法》《内容产业促进法》《文字、印刷品文化振兴法》《防止电影偷拍相关法律》《观光立国推进基本法》等法律，这一系列与创意产业有关的法律不仅有助于规范创意产业管理，也有助于创意产业人才培养工作的推进。其中，《文化艺术振兴基本法》通过确立振兴文化艺术的基本理念，明确中央及地方政府的责任与义务，规定振兴文化艺术相关的基本政策，为文化艺术创作者创造了良好的外部环境。2002年12月，日本政府通过《知识产权基本法》，提出要利用对知识产权的保护和有效运用所产生的高附加价值来振兴国民经济，为知识产权的保护以及有效利用提供了法律依据，明确了国家、地方政府以及大学、研究院、企事业单位等机构的责任，并对知识财产的创造、保护及运用的推进计划做出了详细规定，有计划地推进知识产权的创造、保护和利用。2007年3月，知识产权战略本部发布《努力将日本建设成世界第一文化创意产业大国》。2010年6月，内阁会议决定发布《新增长战略——"发展的日本"复活计划》，通过开拓创新实现经济增长的亚洲经济战略2011年，经济产业省产业信息政策局发布《文化创意产业的现状与今后的发展方向》报告指出了促进文化创意产业潜力发挥的政策方向和三大措施。

第三节 文化创意产业人才培养与管理

一、文化创意产业人才现状

目前，中国文化创意产业发展的人才总量、结构、素质难以适应产业现实发展的需要。

中国文化创意产业发展中面临的人才问题，主要在两个层面：一是缺乏理解文化创意产业的经营管理人才；二是缺乏掌握文化创意产业所必须的专业技能的专业人才和复合型人才。所谓"复合型人才"，是指既懂文化创意产业发展所依托的互联网、通讯网、软件等方面的技术，又深入了解文化创意产品创作过程与特点的人才。

二、文化创意产业人才的培养

创意人才的开发是一个复杂的系统工程。我国创意人才开发的框架体系必须在把握创意人才的基本特征与借鉴发达国家成功经验的前提下，建立以政府为指导、以企业为主体、以高校为支撑、以科研机构为载体的政产学研战略联盟，通过共建创意平台、开展合作教育等方式，最终才能共同培养具有广阔国际视野和较高创意能力的中国式创意人才队伍。

（一）完善创意人才管理政策

加大创意人才发展资金投入力度，保障创意人才发展重大项目的实施。

鼓励和支持企业和社会组织建立创意人才发展基金。在重大建设和科研项目经费中，应安排部分经费用于创意人才培训。适当调整财政税收政策，提高创意企业职工培训经费的提取比例。通过税收、贴息等优惠政策，鼓励和引导社会、用人单位、个人投资创意人才资源开发，健全与规范社会捐助等创意人才基金的筹集管理制度。利用国际金融组织和外国政府贷款投资创意人才开发项目。在用人单位投入中，要设立专项资金用于创意人才引进、开发、培养与职业发展。创新创意人才引进形式，通过建立"绿色通道"、"智库"、咨询委员会等形式，选聘一批国内外顶尖人才担任文化发展顾问，依托文化社团组织、文化人才中介机构，拓宽人才引进渠道，鼓励以岗位聘用、项目聘任、客座邀请、兼职、定期服务、项目合作等形式，引进高层次人才。

（二）营造文化创意氛围

知识经济时代，文化与经济、文化与科技的融合趋势日益明显，创意文化在经济社会发展中的作用越来越重要。在创意人才胜任力开发与提升过程中，有必要加大创意文化宣传教育力度，利用多样化、人性化传播手段，向全社会弘扬创意文化知识和创意精神，传播创意理念，增进社会大众尤其是创意阶层对创意文化的认知、理解和心理认同，点燃创意阶层的创意梦想和激情。创意文化宣传教育要从基础教育抓起，并拓展到职业技术教育、高等教育，大力倡导和推行以创意、创新、创业即"三创"为核心的创意教育教学改革，让国民从小接受更多、更好的人文艺术的熏陶，激发大众的想象力与创造力，培育其文艺精神，为创意产业发展营造浓厚的社会氛围。

（三）高校开设创意课程

建设文化创意产业的相关学科，设置相关专业高等院校可开设综合性的文化创意产业专业，专门培养文化创意产业经营管理和营销策划的高层次人才，以适应文化创意产业各个领域的经营管理和市场营销的需要。由于文化创意产业是多行业和宽领域的行业，包括广告业、影视业、会展业、网络游戏业、动漫业，等等，可考虑在文化创意产业专业下面开设有关专业方向，以深化某一子行业知识和技能的教育，既要突出其专业性和技术性，又要体现其综合性和宽口径。因此，在强化原有专业教育的基础上，增设经济管理类和科学技术类（特别是信息技术、数字化技术和网络技术）课程，培养既懂文化艺术创作，又懂专业技术和经营管理知识的复合型人才。在充分了解市场需求基础上，通过发挥高校原有传统学科的优势，如历史、艺术、传媒、设计、管理等，在高校内组建跨专业、跨学科的创意专业或者创意学院，开设创意课程。高校应根据创意产业人才市场需求，有针对性地加强紧缺人才的培养，鼓励学科交叉融合，及时调整相关专业设置、课程设置方案，扩大创意人才培养规模，提高人才培养质量。针对福建省现有人才层次与结构的问题，充分利用高校教科研人才、设备等资源优势，建立研究生、本科生和专科生等多层次的人才培养体系和长期学历培养、短期进修性培训相结合的多渠道办学模式，延伸创意产业人才链。以项目为载体，通过创意实践情景或直接在职业环境中展开教学，让学生在真实的创意职业情景中，引导、激发和培养学生的创意能力。加快高等院校创意学科建设，进行专业结构调整，扩大培养规模。创意学尚未作为独立的学科列入我国高等教育体系中，为顺应创意产业的发展及满足对创意人才的需求，首先应尽快将创意学列入学科目录；其次，应明确创意人才培养的目标，以培养熟练掌握专业技能、全面而深刻地理解创意产业的创意精英人才为目标，重点培养厚基础、宽口径、高素质的创意人才，并根据产业需求变化及时调整人才培养目标，保证创意人才链的完整性，适应创意产业的高成长性及高融合性。

（四）企业提升创意人才胜任力

创意企业既是创意产业的主体，也是创意人才的主要使用者。创意企业应该注重把握创意人才的个性特征和成长规律，着眼于创意人才自我价值的实现和创意平台的搭建。

1. 树立人本理念，实施创意管理。

营造出允许犯错、宽容、愉快的组织工作环境。

2. 推动组织变革，改善领导方式。

一方面，企业应当构建一种无边界的组织形态来适应创意人才的工作与发展。广受惠普、联想等企业青睐的自我管理团队（Self—managed Team，简称SMT）是目前比较主导的一种组织方式。它主要是在组织资源平台的支持下，利用信息技术，通过授权、跨部门挑选成员而组成的自主管理单元。另一方面，企业领导者或管理者应当充当教练和联络官角色，通过透明的工作指引、公正的决断、权力的下放、愿景的分享等建立彼此的信任，为员工目标的实现提供服务。企业要加强组织结构变革，构建创意型组织。创意型组织是指组织成员的创意能力、创意思维和创意意识较强，能持续开展技术创新、组织创新、文化创新、管理创新等一系列创新活动，并将创意思想、知识、技术转化为创意产品和创意服务，创造经济价值。创意型组织有助于激发员工个人的创新潜能，促进组织内部员工的创意思维共振，提升创意绩效。

3. 搭建创意人才职业发展平台。

目前发达国家对创意人才通常采用高浮动的薪酬结构、股票期权、员工技术入股等方式来发挥激励效用的最大化，这种激励方式建立在对"创意人力资本"充分尊重的基础上，按照员工工作能力与对企业的贡献来分配利益，对创意人才的发展与企业的壮大具有积极的推动作用。同时企业应该形成以管理岗位和专业技术岗位为主的平行双轨通道，鼓励创意人才进行尝试和锻炼，自由选择成为管理者还是成为专家。

4.加大创意知识与技能培训力度。

创意企业既是创意人才的使用主体，也是创意人才的培训主体。创意企业要对新招收的人才针对性地进行岗前培训，向其传授创意知识，培养和提升其职业技能和创意胜任力，使之明确职业生涯发展规划，增强其对组织目标和组织文化的心理认同，激发其创意精神。要尽可能地为员工提供国内外行业交流渠道和学习深造的机会，在满足员工自我实现、自我发展需求的同时有效提升他们的创意能力。

三、文化创意产业人才的管理

创意人才群体是具有自主性、个体性和多样性以及较强创新精神和团队协作精神的群体。他们主要通过自己的创意、分析、判断、综合、设计给产品带来附加值，因而其工作方式与产业工人和管理部门的行政人员不同，其管理理念也不同。

（一）树立新的企业管理理念

在文化创意产业中，人才是核心要素。创意人才有着鲜明而独特的个人特质、心理需求和行为方式，因此企业管理者要树立起新的管理理念，采用适用于他们的管理方式。

企业管理者新的企业管理理念表现在多个方面，以下就是三个很重要的方面。

1.在甄选创意人才时，不会只注重其学历和资历，更多的是考察其是否具备创意能力。

2. 充分尊重创意人才的个性,宽容他们的失败,鼓励他们接受挑战性任务。

3. 在分配任务时,充分授权,使创意人才不仅拥有创意的话语权,而且还可以自主选择自己喜欢的工作方式。

(二) 营造良好的企业文化氛围

对于很多创意人才来说,工作就是生活,自由畅快的环境与和谐的企业文化就是他们灵感的来源,没有良好的企业文化氛围,也就难以产生好的创意。因此,企业必须注意营造宽松自主、平等沟通的企业文化氛围。

1. 营造宽松适宜的微观环境

创意活动的开展、创意才能的发挥需要人性化、生态化的办公环境和平等自由、团结协作的工作氛围。因此,创意企业不仅要为创意人才配备良好的工作硬件和生活环境设施,使创意人才在有限的环境中为企业提供无限的创意,还要营造团结协作的工作氛围。这就需要企业管理者或项目负责人发挥很好的引导作用,引导创意人才将工作的积极性和创造力凝聚到创意工作当中。

2. 营造宽松的组织环境

创意工作属于一种探索性工作,最大的特点就是要标新立异,因此失败是在所难免的。所以,企业管理者要能够包容创意人才的失败,不给他们带来心理上的压力;要及时关注和认可创意人才的成绩,使他们不断突破自己,获得更大的成功。

3. 实行弹性工作制

由于创意人才的灵感到来的时间往往是无法确定的,因此,为了帮助他们创意灵感的产生,应当实行弹性工作制,让他们自由地选择工作时间和工作地点。

4.构建平等畅通的交流平台

不同创意者、不同工作人员有着不同的文化背景和思维方式，如果他们之间多进行沟通和交流，则很容易形成头脑风暴，激发更多的创造性思维。因此，企业管理者应经常组织各种形式的活动，促进企业上下级之间、同事之间的交流和互动，形成平等畅通的交流平台，营造良好的工作环境。

（三）建立完善的激励机制

完善的激励机制能够激发创意人才的工作热情和创意动力，从而为企业创造更大的价值。因此，企业必须建立起物质激励和精神激励相结合的激励体系。

1.精神激励

创意人才是"以高层次内在需求为工作需求导向的群体"，他们更渴望挑战常规，更渴望实现自我价值。因此，创意企业要更加注重对员工进行精神激励。这可以从以下几个方面努力。

第一，定期规划新的项目，使创意人才有更多的机会充分发挥自己的能力，并充分展现自己渴望挑战和自我价位实现的个性。

第二，建立知识产业的保护机制。对创意人才的劳动成果进行保护，对创意人才的创新和发明进行保护，能够使创意人才感受到莫大的肯定，进而会更加努力。

第三，关注创意人才自身价值的实现，为其创造更好的事业平台。创意人才非常重视自身价值的实现，因此，企业应时刻注意了解创意人才的需求，发掘他们的潜力，为他们规划职业生涯等。

2.物质激励

第一，给予丰厚的薪酬。丰厚的薪酬是对创意人才最好的物质激励。它不仅能够体现企业对创意人才能力的认可,同时也能够促使创意人才更专注于创造。需要注意的是,企业应将薪酬和绩效有效结合起来。

第二,根据创意者的工作表现、成果产出和企业业绩给予一定的奖金。

第三,配备良好的工作硬件和生活环境设施。这也是一种物质激励,它有助于创意人才更好地开展创意活动。

第四,通过技术入股等形式激励创意人才。企业可以让创意人才在入职之初进行技术入股,然后根据职务、绩效等标准发放一定数额的股票或期权。微软是第一家用股票期权来奖励普通员工的企业。微软公司员工的主要经济来源并非薪水,而是股票升值带来的收益补偿。这种将员工的收益与企业的收益紧密联系起来的方式,能够大大激励员工的工作热情。

第五,提供定期的带薪休假、培训、技术研讨等机会。这种物质激励能够使创意人才的知识技能处在不断地提高更新过程中,使其始终保持较强的创新能力。

第八章 文化创意产业的实践应用研究

第一节 文化创意产业在互联网的应用

一、文化创意产业与互联网融合的意义

伴随着信息技术发展的日新月异，以互联网金融、移动商务为代表的一系列新兴电子商务模式不断激发着产业的活力与潜力，使文化创意产业面临着互联网技术带来的巨大挑战与机遇。一方面，文化创意产业可以充分运用互联网的技术优势与影响效应，与互联网经济融合，实现产业整体升级转型；另一方面，在经济全球化的背景下，互联网经济带来的产业趋同性使得文化创意产业的独创性与民族独特性面临挑战。

二、文化创意产业与互联网融合的表现

在国家文化强国建设的道路上，嗅觉灵敏、视角前沿的文化创意产业正逐步跳出传统发展的框架束缚，走向与互联网深度融合的创新与传承之路，互联网正成为众多文化创意企业的新战场。

（一）大数据：创意灵感的海洋

我国是传统文化资源大国，有无数的文化宝藏等待着被挖掘，信息技术给了我们更多的选择，通过对多种分析模型、算法的运用，我们可以对不同类型的文化资源和创意灵感进行梳理、分析与整合，让深藏于各类资源中的规律与价值浮出水面，这就是大数据技术在传承文化、促进创新上的作用。

目前国内文化创意产业发展已步入大数据时代，它开始注重利用互联网获取用户的行为特征数据，通过海量数据的挖掘分析，从用户创新角度增加创意获取和形成的概率。文化创意产业中的实体企业如万达、金逸等院线企业已经将用户数据作为其重要的核心资产，而《泰囧》《中国合伙人》《战狼2》等一批打败欧美大片、引领国内票房排名的国产电影，在电影宣传的各阶段，都注重通过大数据分析来紧贴新时代消费者的心理需求，从而进行高效率的新媒体营销，可以说大数据是国内影视产业春天来临的重要推手之一。同样，各类网站更是将用户浏览、搜索、点击的各类行为数据作为文化产品创新以及有效服务客户的关键依据，如优酷视频网站已经开始尝试利用Hadoop技术进行海量客户数据的分析，以推出符合目标用户群体的娱乐节目或改善网站布局。

大数据技术通过客户行为分析为文化创意产业的产品设计带来了全新的思路。但是过度依赖大数据分析也会影响文化产品的多元性与创新性，一味迎合大数据所传递的流行趋势与消费喜好，而忽略了创意文化产品对文化消费的引领性作用，会导致文化创意有创意无意义，使文化产品缺乏持续的竞争力。因此，虽然大数据技术为文化创意产业的发展带来了一种全新思维，但文化消费需求往往具有盲目性和从众性的特点，数据运用还需更海量也更精准的数据搜集，数据挖掘的模型也需不断验证与改进。

(二) 社交网络：文化互动新场所

大多数文化创意企业依赖于群体交流中的创意分享，而互联网所形成的庞大、多层次社交网络容纳着当前社会中数量最多、思维最活跃的年轻人群，是人与人交流互动形成和传播文化创意的最佳场所。巨大数量的转发和评论促进了人们的表达欲望，也增进了思想的交流，可以说，互联网为文化和创新提供了低成本且快速传播的平台。从某种角度来说，创意产业前期可能不需要太多资金投入，创意往往来源于几个人的脑力激荡或思想碰撞，具有成本低、覆盖广的社交网络无疑成为了文化创意产业整条价值链前端创意形成、中端附加值增加、后端产品推广的有效平台。

文化创意产业需要集聚，一直以来文化创意产业园是最普遍的形式，但是数据统计显示超过70%以上的园区处于亏损状态，真正盈利的不超过10%，而这些园区中，真正称得上是"文化产业集聚区"的园区不超过5%。相对现在不少文化创意园区商业地产的运作方式，互联网平台为文化创意产业的发展提供了更加高效、便捷的途径，同时互动交流的门槛更低，男女老少能够于任何时间、任何地点在互联网上以非常低的成本进行观点互动和文化讨论。

(三) 网络众筹平台：获取大众融资的福地

互联网不仅通过大数据及社交网络为文化创意的产生和传播提供了创意的"发生器"和"扩音器"，更为文化产品的融资提供了符合其特点的有效平台。众筹融资是指通过"团购+预购"向网友募集项目资金的模式，它有利于集中市场上的闲散游资，支持较难获得传统渠道融资的创意项目、原创设计产品生产等。文化部、央行、财政部联合发布了《关于深入推进文化金融合作的意见》，其中就明确指出要创新符合文化产业发展需求特点的金融产品与服务。而网络众筹平台恰好符合这一要求，其原因有二：文化产品往往具有明显的群体特性，同一群体对自己的文化印记拥有强烈的认同感和归属感，因此得到充分展示的文化创意项目在众筹平台上能够获得目标群体的追捧与支持，例如，众筹网上的摇滚音乐节筹资项目、电商人社群创意T恤众筹项目等；其二，文化创意活动是以文化传播为核心的活动，强调文化消费者的参与，在网络众筹平台的筹资活动本身就是展示创意项目、传播文化的过程，在项目融资到位启动之前，就已经提前产生引领文化、传播文化的作用，文化消费者通过投资文化创意产业项目提升了参与感，增加了消费满足感和文化认同感。

第二节 文化创意产业在商业的应用

一、文化创意产业与商业融合的意义

在商业经济发展的过程中，文化元素滋养了商业品牌的培育，催生了商业业态的创新，造就了特色商业文化。反过来讲，商业的兴盛又进一步带动了文化艺术的发展，商业理念和商业投资促进了文化的传播，将创意思想转化为创意产品，提升了文化产品的层次。文化和商业是互动关系，两者紧密相连，互相推进，没有商业，文化的传播载体和传播方式会受到限制，文化的价值不能得到完善。没有文化，商业的品位和内涵会受到影响，商品辨识性会降低，影响经济方面的回报。

商业和文化的互动是一个良性循环的过程，在这个过程当中，文化作品

在体现其商业价值时,需要保持其独立性和特殊性,不以商业价值最大化为终极目标,而是要审视文化作品内容本身对社会的影响。

二、文化创意产业与商业融合的表现

当前文化和商业的融合主要体现在三个方面。

(一)文化创意提升传统商业业态

受互联网、大数据等新一代信息技术的影响,传统商业运营模式受到冲击,传统企业借助文化元素转型升级,创新自身的商业模式,以提高抵御风险的能力。传统出版企业转型改革,寻求跨界融合路径。安徽出版集团通过全力打造媒体融合产业体系,将"媒体融合、行业服务、商务运营"进行全面嫁接,实现了传统出版与数字出版产业的融合发展。集团科技文化工程孵化平台建设进展顺利,已开发时代教育在线、时代书香网、时光流影、时代漫游幼儿教育等平台。"时代教育在线"平台已成功接入"安徽省基础教育资源应用平台",并已经在合肥、芜湖、宣城等地的100余所学校应用。传统书店、电影院、娱乐场所等积极引入特色文化资源,打造商务服务与休闲文化高度融合的综合消费场所。诚品书店创办于中国台湾,以书店为品牌核心,目前运营范畴已扩展至画廊、出版、展演活动、艺文空间和课程、文化创意商品,以及地铁站、医院、学校等各类型特殊通路的经营,并延伸至商场开发经营和专业物流中心建置等专业。2015年11月,诚品集团在苏州工业园区开设了第46家诚品书店,这是诚品在中国内地开设的第一家旗舰店,也是第一家诚品自持物业的门店。总面积达5.6万平方米的综合体中,书店占据了1.5万平方米,剩余的面积由文具店、咖啡馆、餐饮、服装店、家居店、展览馆等组成。在这个商业综合体旁边,还有两栋塔楼,共76套高级公寓出售,时至今日，诚品发展为以文化创意为核心的复合式经营模式，诚品书店里不只有书，还包括人文、创意、艺术、生活的精神。老字号企业传统文化内涵，开展以互联网营销为特色的拓展经营，增强老字号品牌的文化传承力和影响力。同仁堂的旗舰店已开进天猫、1号店等电商平台。2014年同仁堂网上销售额达到了4400万元，仅"双十一"一天，同仁堂线上销售额就达到150万元，健康类产品成为消费者抢购的对象。2015年3月，同仁堂更是以养生茶试水，在京东商城"玩"起了众筹预售，短短20天时间，已筹集3.9万元，是原计划的八倍左右。另外，由百花蜂业、内联升、菜百等16家企业组成的北京老字号网上专区在京东商城正式上线并长期入驻，不仅拓宽了老字号的销售渠道，更进一步提升了老字号的品牌影响力。

（二）文化创意培育创意商务服务

2015年3月国务院办公厅下发《关于发展众创空间推进大众创新创业的指导意见》中指出，充分运用互联网和开源技术，构建开放创新创业平台，促进更多创业者加入和集聚。在"双创"热潮的带动下，作为有效满足互联网时代"双创"早期需求的新型创业服务平台，"创客空间""创新工场"等受到了各地政府的号召、扶持以及投资机构、开发商的追捧。据科技部火炬中心统计，至2015年，全国众创空间数量达到2300多家，众创空间投资者背景多样，其中主流为科技互联网企业如腾讯、百度，科研院校如清华大学、北京大学，投资机构如联想之星、创新工场等，此外，也不乏有当代置业和SoHo中国为首的房地产开发企业等不同背景的投资者。车库咖啡于2011年4月开始营业，是一家以创业和投资为主题的咖啡厅，创业者只需每人每天点一杯咖啡就可以在这里享用一天的免费开放式办公环境。可以说，车库咖啡不仅是创业者的低成本办公场所，也是投资人的项目库。车库咖啡的核心是资源整合和项目孵化，车库咖啡整合了无息贷款、免费服务器、办公设备等资源，并能够在项目初期发展时提供各项援助和支持，对高科技成果和创意产品进行孵化，使其更快更好进入市场。每年来车库咖啡的创业者有6万人次，1200多个创业团队，举办大型活动300多场，每天常驻团队13到15个，创业团队之间的联合近20家。从2011年成立至今，有将近130个团队得到了投资，其中魔漫相机、极飞科技、掌游科技等都是从车库咖啡走出的创业典型。

文化与商务服务的融合还体现在对传统消费模式的革新，是真正以用户需求为导向提供个性化、细分化的文化产品和服务，而在线票务就是其中的典型代表。在线票务是在信息化渗透传统行业、人们消费习惯发生改变以及网上支付业务配套完善的条件下产生的，它突破了传统票务的销售模式，借助技术、资金与资源优势谋求从信息的获取转型服务的连接。以电影在线票务平台为例，2015年，中国内地票房收入达到440亿元，根据国家电影专资办数据显示，2015年，在线购票占比首次超过了50%，达到54.8%。根据艾媒咨询发布《中国在线电影购票专题研究报告（2016）》显示，2016年中国在线电影平台售出票房收入约占总票房收入的69.7%，接近7成的票房来自电影在线购票。电影在线票务产生的巨大资金流同样吸引了BAT的注意。阿里将淘宝电影票资产注入阿里影业，打造包含娱乐宝、淘宝电影票等产品的娱乐产业生态链，打造全方位的娱乐公司，推动中国电影产业的升级；百度糯米拥有百度搜索、百度贴吧、手机百度、百度地图、爱奇艺等亿万级流量人口，在影院端的系列完整战略布局也有效助力了影片的排片及票房；微票儿背靠腾讯，在线上票务及影片宣发合作方面获得了微信、QQ平台的支持，成为一股强劲的力量，还于2015年11月获得了15亿元的融资，并与在线选座先行者格瓦拉合并。微票儿在做好电影在线售票业务的同时发力演出市场，不断壮大自己的实力,通过新的战略模式拓宽发展道路,极具发展潜力。

(三) 文化创意创造商业产品价值

商品除了具有使用、消费的特征外,还能赋予更多文化内涵,增添更多中国元素,大大提高了商品的附加值,将商业产品附加文化属性已成为当前商品市场的普遍做法,商品设计来自于文化的创意,透过赋予商品本身所蕴含的文化因素,予以分析转化成设计要素,并运用设计为这文化因素寻求一个符合现代生活型态的新形式,并探求其使用后对精神层面的满足,这与文化文物单位发掘文化资源、开发文化创意产品的做法如出一辙。为了让更多的人了解故宫文化,故宫博物院深入了解和分析不同年龄段观众的差异化文化需求。在广泛进行社会公众需求调查的基础上,确定文化创意产品研发和营销策略,以弘扬中华文化为目的,开发出如"故宫娃娃、朝珠耳机、编钟调味罐"等十多个文化产品系列,深受群众喜爱。2015年底故宫文化创意产品达到8700多种,已上线的8款APP平均下载量上百万,线下商店最高销售额每天超过10万元,总营业额超过10亿元,人气空前火爆,文化创意产品的开发成为推动传统文化传播与发展的重要力量。

第三节 文化创意产业在制造业的应用

一、文化创意产业与制造业融合的意义

我国是"世界工厂"和制造业大国,早在2010年,中国就超过了美国,成为全球制造业第一大国。目前,在世界500种主要工业品中,中国有220种产品产量位居全球第一位。但我国传统制造业总体上仍然没有摆脱"三高

一低"（高投入、高消耗、高污染、低效益）的粗放型发展模式，传统制造业面临提速增效、提质转型的历史时期。而创意产业无污染、产品附加值高，对传统产业的跨界转型和升级有着极大的促进作用，创意产业与制造业结缘，能够开创中国制造业转型升级的新路径，提高制造业的文化附加值。

一方面文化产品的增值离不开加工制造业。在《文化及相关产业分类》中认为文化产业是为全社会提供各类文化产品及服务的相关活动，以及与这些活动相关联的围绕文化消费的活动集合，主要包括文化产品制作、文化产品销售活动、文化用品生产和销售活动等六大类。其中，文化产品制作和文化用品生产都属于制造业的范畴，如造纸及纸制品业、文教体育用品制造业、乐器制造、游艺器材及娱乐用品制造、照相机及器材制造、家用视听设备制造、印刷专用设备制造、广播电视设备制造、电影机械制造、复印和胶印设备制造、工艺品制造、舞台工美、服装道具制造等。文化产品和用品生产制造的设计理念、效率、质量与方式等影响着消费者的消费感受，制作工艺时还要吸收文化产品的文化元素与品牌价值，文化产品的制作能力是文化产品品牌的延伸，决定了创意产业的赢利能力。

另一方面，创意产业向制造业的研发、设计和营销推广环节渗透。创意产业与制造业的融合，主要表现在观设计、展示设计、制度设计、组织结构设计、盈利模式设计等工业设计、品牌策划以及品牌营销推广等领域的价值创新要素投入，将文化元素和创意思想融入制造业价值链研发和设计等环节。创意设计为传统制造业注入文化与时尚的元素，它所带来的改良性创新可以重塑市场和产业边界，不仅增加了制造业的文化附加值，使制造业结构更趋于柔性化，也将帮助企业实现产品的差异化。

因此，随着创意产业与制造业的深层融合，以工业设计开发、文化用品生产等为代表的中间产业链条，一方面实现了创意产业的深度、高级化发展，另一方面也推动着中国制造业的转型与升级。

二、文化创意产业与制造业融合的表现

从近年来珠三角等地制造业发展的实践来看，文化创意产业与制造业融合主要有以下几种模式。

（一）文化创意+传统工业产品

在出口不振、生产要素成本不断上涨、劳动力短缺的压力下，我国制造业正在进行转型升级的重新洗牌。除了用科技革新提高制造效率与品质外，另一条重要途径是以文化创意主动适应、激发、引导市场需求，通过"文化创意+传统工业产品"，拓展并完善产业微笑曲线两端的研发设计、品牌营销等环节，进而提升产品的附加值，实现制造业的转型升级。早在十年前，东莞唯美陶瓷公司就已探索制造业与文化创意产业融合的路径，其"行业博物馆+艺术家工作室+文化制造品"模式已成为产业融合的基本模式。据佛山市文广新局的调查，该市规模以上的企业有800多家设立创意设计部门，其中200多家独立为创意设计公司。正是得益于文化创意产业与制造业的融合，目前珠三角制造业正从传统的标准化、大众化、规模化的一般制造向个性化、定制化、服务化的"软性制造"过渡。"软性制造"不仅提升了广货产品附加价值，而且赋予其个性化、时尚化甚至艺术化的产品魅力。

（二）文化创意+传统制造企业

近年来，珠三角一些制造及加工龙头企业，凭借企业长期积累的资本、人才以及行业信息（大数据、资料库等）资源优势，凭借对产业链的掌控能力以及对产业发展的前瞻性认识，通过打造行业综合服务平台，实现从单纯

的产品制造企业向行业综合服务运营商的转型。深圳雅昌、珠江钢琴就是其中的代表。前者是一家致力于高端艺术品印刷的制造加工企业，2013年作出了由"雅昌印刷"向"雅昌文化"转型的战略调整。通过"传统印刷+IT技术+文化艺术"模式，搭建了一个覆盖艺术全产业链的商业平台，业务涉及高端艺术印刷、互联网艺术信息服务、艺术教育培训以及艺术衍生品开发等艺术服务和产品体验。后者是乐器制造龙头企业，通过向音乐教育产业链延伸，打造音乐艺术教育综合服务平台，形成内容、渠道和互联网平台一体化教育体系，实现从钢琴制造企业向音乐艺术服务运营商转型。

（三）文化创意+传统工业园区

进入新世纪以来，随着文化产业的发展以及都市三旧改造的推进，不少处于闹市区的工厂被改造成各类文化创意产业园区，成为城市文化产业发展的重要载体，如北京的798、深圳的田面设计之都、广州的红砖厂等。但也有一些工厂在其产品制造的基础上，充分利用其优越的地理位置、品牌影响力，通过与文化创意产业融合、发展成为工业旅游基地、特色创意休闲基地，从而实现从单一的工业制造空间向多元的文化创意空间特型。比如，中山的伊泰莲娜首饰工业城是国际著名的首饰制造商伊泰莲娜的制造基地，目前已转型为我国首家首饰文化主题公园，成为省级文化创意产业园、"全国工业旅游示范点"。而位于珠江边、琶洲会展中心旁的珠江啤酒厂已成为以展示啤酒文化为主题，集工业、环保、旅游、文化、娱乐、休闲于一体的多功能城市人文景观。

除了以上三种模式外，基于高科技的文化制造业，如高科技文化主题乐园系列产品的创意设计与制造、建设工程等，及其他智慧型文化科技旅游产品等也是文化创意产业与制造业融合的产物。

第四节　文化创意产业在农业的应用

一、文化创意产业与农业融合的基础

农业产业与文化创意产业融合，是现代农业发展的新方向。其融合的基础主要表现在3个方面。

（一）农耕文化的多样性

文化是农业与文化创意产业融合的根本基础。现代农业是农耕文化发展的阶段之一。农耕文化是以种植经济为基本方式的农业社会的文化，是指农业生产实践活动所创造出来的与农业有关的物质文化和精神文化的总和。它是在传统的自给自足的自然经济基础上形成的一种思维方式、价值取向、生活和社会行为模式的总和。内容可分为农业科技、农业思想、农业制度与法令、农事节日习俗、饮食文化等。由于我国地域广阔，地理条件差异大，加上农业发展历史悠久，逐步积淀形成异常丰富的农耕文化。各地根据当地的自然条件而形成的种植制度、根据农事需求而制作的不同的农具、24节气、农谚等都是农耕文化的典型代表。

（二）现在农业的多功能性

农业具有多功能性，在世界上被绝大多数国家所认可。被普遍认同的是，农业具有"三生功能"，即生产功能、生态功能和生活功能。生产功能是农业最基本的功能，也是人类社会赖以存在和发展的基础。农业作为自然生态系统的一部分（加入了人工干预）而天然地有生态功能，及调节气候、吸收二氧化碳放出氧气等。农业的生活功能主要是指农业对人们精神生活的满足，如观光农业、旅游农业、休闲农业等。在不同的发展阶段，农业的多功能性表现不同。在传统农业阶段，人们基本上只看到农业的生产功能；在现代农业阶段，农业的生态功能和生活功能被挖掘和放大。不同区域的农业可能还会有其他功能，如京郊农业服务于首都、服务于周边、服务于全国的服务功能。正因为农业具有多功能性，尤其是具有越来越重要的生活功能，因此，与文化创意产业的融合成为可能。

（三）消费需求的多样化

随着人们生活水平的提高，消费需求也趋于多样化。在物质产品日益丰富的今天，人们不再满足于物质消费需求，而是更倾向于精神和文化方面，消费需求从有形转向无形。消费者行为的趋同性是产品大规模生产的历史背景，个性化需求则表现为追求差异性、个性化和潮流化的倾向，消费习惯由趋同性向个性化转变。

与传统产业以产品为向导的价值创造机制不同，创意产业以消费者的需求为导向，顾客是价值创造的出发点和归属点，通过满足顾客的观念需求、文化需求，实现价值提升。于是生产者将大量的故事内容、符号与象征元素（如品牌等）运用在产品的生产与消费过程中，让产品成为文化意义的承载者，也就大大提高了产品的观念价值。

农耕文化的多样性、现代农业的多功能性和消费需求的多样化，共同构成了现代农业与文化产业的融合基础。

二、文化创意产业与农业融合的表现

文化创意产业与现代农业有机结合，借助文化创意思维逻辑，将文化、科技与农业要素相融合，就形成了文化创意农业。我国农业的转型升级势在必行，而发展文化创意农业不失为一种较为理想的发展模式，市场前景广阔。目前，文化创意产业与农业融合的方式主要有专业型文化创意农业和综合型文化创意农业。

（一）专业型文化创意农业

1. 农产品农场。文化创意农产品农场，指的是单纯以文化创意农产品的开发与种植的农场，它以文化创意农产品的种植为主要功能，通过批发文化创意农产品为盈利手段。它的规模可大可小，主要目的为提高传统农产品附加值，增加农民收入，为文化创意农产品消费者提供了丰富的消费产品。

2. 农艺工坊。文化创意农艺工坊，是以文化创意农产品包装、农业工艺品、农业装饰品等设计、创作与生产为主，以销售此类商品为主要盈利途径的一种农业项目开发模式。

3. 农品专营店。此种开发模式，主要结合城市或者旅游服务区，为消费者提供文化创意农产品、农业工艺品、农业装饰品等销售服务，以此来获得盈利的一种农业项目开发模式。以上项目规模较小，项目主题较强，因此盈利模式相对单一。

（二）综合型文化创意农业

1. 主题农庄。主题农庄模式，是以一个特色鲜明的主题贯穿，以农业要素为主体和题材，辅以花园、果园、田园、菜园、树园、牧园等农业生态环境，主要以为游客提供农事活动体验、农业文化欣赏、居住、游乐、养生等功能服务为主要目的的一种休闲农业开发模式。其中，可以增加文化创意农业景观，品尝、购买文化创意农产品、工艺品，体验文化创意农业节事活动等农业项目。

2. 亲子农园。亲子农园模式，是以生态农业景观、农作物、畜禽动物、农事活动等为主要元素，供亲子家庭游乐、体验的一种农业乐园。可以将文化创意农业景观、农产品、工艺品、农业技术展示、文化创意农业节事活动体验融入其中，从而提升亲子农园的品位与价值。

3. 休闲农牧场。休闲农牧场，其实是休闲农场与休闲牧场的统称，也有两种结合的情况。此类开发模式主要是以农场或者牧场为经营主体，以农业种植、牧场养殖为主要目的，并辅以休闲、游乐体验服务功能的一种开发模式。同样，文化创意农业的融入，能为其增添更多乐趣与价值。

4. 酒庄。酒庄，一般为红酒庄园。它主要以酿酒、葡萄种植、葡萄酒生产为主，并辅以红酒文化体验、展览、销售、休闲度假功能的一种开发模式。同样，文化创意农业的加入与运用，可以为其增添更丰富的产品和更高的价值，增强其发展竞争力。

5. 现代农业示范园区。现代农业示范园区，主要以生态农业、高效农业的现代农业生产为主，并辅以参观、体验等休闲度假服务。同样，并入文化创意农业，可以更好地发挥其示范和游览作用与价值。

第五节　文化创意产业与城市的融合

一、文化创意产业与城市融合的意义

在社会发展的历史进程中，城市表征着人类文明水平，城市建设从广义上来说，包括城市的硬件建设和软件建设，甚至还包括展览展示与旅游方面

等相关内容，城市的发展是一项系统工程，这体现了一个城市在经济、政治、文化、社会和生态建设整体范围的全面协同发展程度。当前，中国城市在立足自身城市特色发展的过程中，着力寻求文化与城市建设的融合，从各城市的文化资源出发，确立自己独特的品牌和定位，加快建设文化城市、文化城镇。如北京的城市战略定位是坚持和强化首都全国政治中心、文化中心、国际交往中心、科技创新中心的核心功能，深入实施人文北京、科技北京、绿色北京战略，努力把北京建设成为国际一流的和谐宜居之都。上海对照"国际文化大都市"和"具有全球影响力的科技创新中心"的建设要求，肩负起新阶段的庄严使命，走可持续发展道路。深圳坚持"现代化国际化创新型城市"定位，将深圳打造成精神气质鲜明突出、文化创新引领潮流、文艺创作精品迭出、文化活动丰富多彩、文化设施功能完备、文化服务普惠优质、文化传播融合发展、文化产业充满活力、文化形象开放时尚、文化人才群英荟萃的国际文化创意先锋城市，与深圳"现代化国际化创新型城市"相匹配的文化强市。文化的发展关系到城市的未来，从城市发展来看，一个城市最终能走多远，最终有多少影响力和辐射力，都关乎城市文化的塑造能力，城市文化是城市核心竞争力的重要组成部分。

二、文化创意产业与城市融合的表现

（一）文化创意与城市生活的融合

城市是吸引人才和创意、产生创新和创造财富的中心，对经济和文化发挥着前所未有的重要作用，文化作为强大的社会经济资源，可以帮助城市改变民众的生活品质，文化建设是推动城市现代化发展的灵魂工程，有利于提升人民群众文化素质，培育和塑造城市精神。文化设施是营造城市文化环境中必不可少的要素，如图书馆、艺术馆、影剧院、科技馆、体育馆、会展中心乃至环境绿化雕塑等,都体现了城市文化风韵,对城市文化环境的营造都具有很大的影响。举办特色文化活动,如美术展、摄影展、博览会、设计周、艺术节等,激发群众活力,提高市民参与文化活动的积极性,形成城市文化建设的凝聚力和影响力。建设融合商业零售、商务办公、酒店轻饮、公寓住宅、综合娱乐五大核心功能于一体的城市商业综合体,这是城市与文化、地产、商业等的结合体,在带动相关产业发展的同时,还可以辐射到社会的各个方面,在一定程度上满足人民日常生活、娱乐、消费需求。伴随着城市文化环境的改善,城市文化品位逐步提升,城市的整体文化氛围将更加浓郁。

(二)文化创意与城市历史传统的融合

每个城市都有自己的历史和不同的文化积淀,在城市建设过程中,城市承担传承历史文化的使命,深入地挖掘优秀的文化历史遗产,分析文化遗产中可以转化为现实经济优势的要素资源,顺应城市的文脉,发展、革新、创造属于一个城市独特的新文化。注重文化资源的保护和开发,完善文物保护单位的保护设施建设和抢救性修缮工作。山西平遥古城曾经街道路面破烂,文物古迹、传统民居年久失修,城内供水系统老化。自发展文化旅游业后,平遥古城基础设施、环境秩序、管理水平、服务质量均得到明显提升,并成功打造了平遥国际摄影大展、平遥中国年、"又见平遥"大型室内情境体验剧等文化名片。城市历史建筑、古遗址、古文化不仅是城市极为珍贵的文化遗产,也是文化软实力的重要依托和支撑。

(三)文化创意与城市形象的融合

城市形象是人类对于城市中居民素质、民俗习惯、文化气息、建筑风格等的感受所形成的城市总体印象,是城市文明建构的一个符号,良好的城市形象能产生巨大的吸引力和投资力，而展示形象更重要的是靠文化的魅力。张家口市每年7月和11月举办"草原音乐节"和"崇礼滑雪节"，就是具有独特性的文化创意。从2009年起至今，张北草原音乐节已成功举办六届，每年吸引数十万乐迷到场，其张北草原音乐节官方网站的点击率达3亿人次，创造了中国音乐节"五个之最"（场地规模最大、生态环境最环保、观众人数最多、摇滚品质最纯正、国际化程度最高），成为国内最大的户外音乐节，被媒体誉为"最具有标杆意义的高端户外音乐节品牌"。通过音乐节和滑雪节，招揽游客，旅游观光，收获利益，打造了张家口的城市形象，凸显了地方独特的自然优势。

　　城市建筑可以丰富城市建设的文化内涵，坚持城市特色风貌与建筑功能的统一，让城市建筑作为城市形象的名片，是塑造城市形象的新路径。提到鸟巢、水立方、故宫、天安门、三里屯Village、798等就会联想到北京；提到中国迪士尼、佘山深坑酒店、东方明珠、BFC外滩金融中心等就会联想到上海，一系列文化地标的崛起，让建筑和文化一同展现在世界面前。

第九章　现代艺术设计与文化创意产业的融合

第一节　现代艺术设计的审美特征

现代艺术设计的灵魂在于设计意境或创意，因此越来越多的设计师开始重视设计的心理特点和心理规律，以传达设计的审美信息，表达审美个性。美是审美对象与审美意识的和谐统一。正是人同现实的审美关系，决定了美术的性质和基本特征，也决定了美术自身的意义和价值。这种关系是客观存在的，也是人的主观所追求的。它可以随着人的意识的变化而变化，也可以随着客观事物的变化而变化。审美是一种感觉，就像人的脸，不管它怎样运动变化都是人的脸一样，美作为审美对象与审美意识的和谐统一这样一种关系存在是不变的。因为我们的定义不仅是对所有被称为美的事物的描述，同时也给出了判断一个事物是否美的方法或标准。人依靠感知获得美的享受，人的视觉、感觉是认识过程的开始，也是审美心理过程的初始，现代艺术设计就要研究美本身以及受众的审美经验和审美心理，把审美心理和审美经验置于艺术设计创作的中心以提高艺术作品的精神境界，促进实现与人的和谐发展，创建和谐世界。这是和谐审美观的基本观点，也是当代设计师的根本任务。

一、直觉设计

审美具有直觉性，审美直觉是对美的形态的直接感知，是对审美对象的整体把握。在艺术鉴赏过程中，我们有时会体会到，当听一首音乐或看一幅画时，立即会感到它是美还是不美，无需过多的思考，这就是艺术直觉。设计师要充分了解消费者的审美感受是形象的、具体的，是在直接的感知中进行，是在审美中对作品整体上而不是支离破碎的感知，是以获得审美感官愉快为满足的。在美的欣赏中无须借助抽象的思考，便可不假思索地判断对象的美或不美，并让这种直觉贯穿美感的一切形态之中。直觉是一种非逻辑思维形式，它没有明确的思考步骤，是人们在生活中经常应用的一种思维方式，人们对它的思维过程没有清晰的意识，是一种被动式的过程。而设计是为了解决一个特定的专题而进行的创造性的活动，它是一种逻辑的、有既定的思考步骤的主动式思维过程。设计师的作品都是具有功能性的。无论是产品设计、视觉传达设计还是环境艺术设计，都是以创造符合人类使用的功能性为目的的。简而言之，生活中直觉设计经常不被人们所注意，甚至不被人认为是设计，就是因为直觉设计作品是源于生活并融入生活的。

日本的著名设计师深泽直人就是直觉设计的倡导者和杰出代表，他认为直觉设计是一种特殊的观察方式，当普通人喝水时，他不会去思考喝水用的玻璃杯，而直觉设计师却能从中发现杯子和人之间的微妙关系，从而通过不同的喝水方式来设计出更多的杯子。深泽直人为无印良品公司设计了一个CD唱机，外观看上去就像个风扇，正方形的底座中间嵌入圆形的CD碟片，静静地挂在墙上，然后一根线从底座中间悠悠地垂下。人们看到这根线自然地就想去拉它，这是一种直觉，而且人会自觉地想，拉动一下线就应该有风从中间飘出来，不过转动的CD碟片飘出来的不是风，而是悠扬的音乐，这就是直觉设计的魅力。实际上，从远古开始人们的那些所谓创造和设计都是从生活中自然而然产生的，那是一种直觉的设计。现代人们过多地偏爱理性的和可证实的信息，而不再单纯地依靠直觉和感觉了，在创作出使现代生活更加方便的设计产品的同时也创造出很多束缚人们的设计产品。因此，需要唤醒当代设计师最原始直觉的设计意识。直觉设计需要设计师对生活的细致观察和高度提炼，关键是观察的方式和思维的方式，从专业角度观察普通人的行为，理解普通人的直觉，设计出让普通人使用起来得心应手又不用费力思考的优秀产品，让顺应自然成为生活中的理所当然，这样，直觉设计就无所不在了。

二、情感设计

罗丹认为艺术就是情感。审美具有情感性，审美情感是指审美过程中直接产生的知觉情感，是人对客观事物主观情绪的反映。情感不是对客观对象本身的反映，而是主体和对象之间的某种关系，是主体对客观对象的一定主观态度的反映。考察人类造物历史，我们可以发现，现代社会的需要正从量和质的满足上升到美的情感满足，以获得心灵的愉悦。美国人本主义心理学家马斯洛曾在他的代表论著《超越性动机》中提出"人类需要层次论"，颇具合理性地将人的需要概括为五种，从低级到高级代表了五种不同的层次，即生理需要、安全需要、归属需要和爱的需要、尊重的需要、自我实现的需要。从这个需要层次理论上，我们可以看到一个重要的层次就是"爱的需要"，这个需要承上启下。"爱的需要"，即人有爱，有情感和归宿的精神需求。现代社会消费者的需要正从量和质的满足上升到情感满足，从而到达消费者的高层次需要，消费者越来越需要体现自身的价值，实现自我，他们更需要表达拥有该产品所获得的心理价值，体现产品实用价值之外的象征价值，如荣誉、地位等。

从目前艺术设计发展的现状来看，以体现交流、激发消费者情感为中心来创作的作品已成趋势。审美主体首先是知、情、意、欲统一存在，对创作主体来讲，情感必须被具体化才能获得成功的表现。有这样一则故事：很久以前，一位盲人坐在大雪纷飞的街头行乞，他的胸前挂着一块牌，上书："自幼失明，乞讨为生"。然而，路人见之，虽有同情者，但解囊者却寥寥无几。忽然有一日，街头路过一位风流倜傥的诗人，他凝视盲人片刻，把手伸进口袋—诗人不是掏钱，而是掏出一支笔，走到盲人面前，把盲人的牌子翻转过来，端端正正地写上："春天就要来了，我多想看看她。"从此以后，凡路过盲人跟前的路人，莫不掏钱资助。故事中诗人的题词，也许就是现代情感广告的雏形，情感广告的魅力和作用由此可见一般！对设计师而言，情感设计不仅是给社会提供作品，也是提供一种解决审美问题的生活方式及一次针对现实问题的深入思索。很多设计师在作品中加入情感诉求，通过作品意境、浓郁感情色彩和审美抒情产生的情调撞击人们的感情，使人们被作品吸引，唤起消费者潜意识的欲求向它靠近并对它产生好感，最后从情感上被它征服产生共鸣，最终达到创作者的目的。情感设计的感性成分越多，越受到人们的喜爱，产品的附加值就越大。具有极强的艺术性和表现力的情感诉求设计总是容易引起目标群体的注意与兴趣，起到引导消费的作用，达到设计的最终成功。

三、愉悦性

审美具有愉悦性，设计师在进行艺术创作时需有意地考虑自己的作品将被社会哪一群体所接受，努力实现审美的愉悦性。审美愉悦是一种喜悦和愉快的感情，来源于对人的本质力量的肯定。感官的感受以及知觉对美的完形的组织，都会产生这种愉快，这种愉快不是那种清醒的自我意识所造成的精神愉快，而是由于外在对象的结构适应了知觉机制，是其和谐运转时的一种感性水平的愉快。人的审美活动几乎调动了人的全部心理功能和各种精神力量，使审美成为一个整体的动力，进而综合地发挥作用，支配人的审美喜好、欣赏或讨厌。与这种审美判断直接对应的直接情感效果，是一种审美欲望。审美认识中产生的快乐既有联系或相似，又有区别。说它们之间有相似之处，是因为它们都是一种爱的感情，而欲望和快乐则分别是一般爱的两种不同表现方式，前者是对于某种不在眼前的或暂时得不到的爱，后者则是对于直接出现的或正被占有着的爱。如现代都市生活纷繁复杂，人们在追求物质的过程中，企盼着宁静、企盼着祥和，于是许多房地产广告就把舒缓身心，躲避喧嚣和污染，投入大自然等现代都市人所希冀的生活方式和消费时尚作为消费者审美诉求的切入点，通过再现大自然的各种美景，渲染一种轻松欢娱的浪漫气氛，来唤起都市人的"潜意识"，产生愉快的审美经验，从而达到心动而行动，于是乎"让都市成为园林的背景""鸟声比人声多的地方""流淌着天人和谐的灵韵"就成为这类作品的主题。

心情是审美的动力，想象为审美添加了翅膀。为了实现消费者的愉悦，现代设计通过比喻、夸张、对比、象征、寓意、双关、谐音、谐意、联想等手法，运用"理性的倒错"等特殊手法，通过对美的肯定和对丑的嘲弄两种不同质的复合，创造出一种耐人寻味的幽默境地，促使消费者产生一种会心的愉悦和特殊的审美效果，在欢笑中自然而然、不知不觉地接受设计师的作品，从而减少了人们对广告所持的逆反心理，增强了广告的感染力。愉快的审美经验对作品的成败至关重要，也就是说，审美愉悦是有一定功利性的，设计师必须对审美的内在结构进行积极调整与组合，与外在的物质结构达到契合，使消费者内在心灵在审美的节奏中和谐地运作，最终构成愉快的审美经验。设计师要赋予作品"生命",实际上就是为了获取消费者愉快的审美经验。

四、现代艺术设计的审美体验与人文精神的艺术表达

审美体验是一种心理过程,也可以叫作移情。审美经验基本上是从内部开始,反应首先出现在身体的某些部位,从内部产生的这种感觉会引发某种情感,情感的形式将有一个相应的美感。置身于审美对象的情绪,把审美主体的情感映射到审美对象的结构中,从而把自身置换为审美对象而进行感受体验。在审美中,人们通常把自己的主观情感转移到审美对象上,然后享受和体验。作为一种特殊的文化现象,艺术设计当属文化精神范畴,是传承文化精神的载体。人文精神,时代的特点,独特的设计师的个性,以及民族文化和艺术内涵作为共同追求融合在一起,在艺术作品中得以体现,并因这类载体而绽放出艺术魅力和精神光彩。艺术家或设计师对艺术设计的独特想法,体现出了设计师们的才华与个性,其中的每一个细节都是艺术家对艺术的不同追求,对美的不同理解,以及对美的认识的创建或再现。

用景观设计作为例子,现代设计艺术把中国传统文化浓厚的人文精神与文化韵味体现了出来。如苏州园林,其艺术设计风格是自由的、清新的、淡雅的,它巧妙地融合了现代设计与古典文化,并且融合得非常自然、和谐、统一,这使中国文化精神的独特魅力和美丽的意境得到充分体现。景观设计方面的规划思想,艺术构思以及规划格局(或建设模式),每一点都将中国文化和人文精神的审美追求展现出来。它们继承了古典艺术的设计精神,以及唐代山水画艺术的美感,古典园林的设计魅力和优良的品质以及人文价值。这些设计都是对中国文人精神"外师造化中观内心"精神的传承,在设计风格和设计理念方面,尽显中国文人追求的审美精神和审美追求。拥有精美绝

伦和精湛无比外观的景观设计和建筑设计，用其外观得到了人们的喜爱。自然的古典魅力充分地展现了和诠释了美丽的中国古典诗歌中的意境。使得现代艺术设计体现出了古典神韵，同时，现代艺术设计也体现了现代设计元素，人文之美，把现代与古典艺术创新相结合也展示出来。此外，现代艺术设计继承了中国古典美学，也受到西方思想和风格的影响，使中方特点和西方特点都有所呈现。

五、形态与色彩的审美情感

形态通过大量符号的运用集中体现了审美情感，而这些承载了特定的内涵及寓意的艺术符号，在创作时就与民众生活息息相关。在被创作者们纳入作品设计结构中时，作为具有特定观念意义的符号，包含了创作者的情感并给予具体的视觉表现形式。这些符号形式多种多样，并且具备象征性和传承性，是人民、文化、习俗和幸福美好生活的理想表现形式。丰富的内涵，不同的图案，更多的设计师的灵感来源于数据库。如凤凰卫视电影频道使用了总台标志的部分，是现代版本的标志解构主义。色彩是独特的信息在视觉上的表达，能瞬间吸引人们的注意。除此之外，色彩会影响人的心理与情感倾向，不同的颜色会让人产生的联想和感受也不同。因此，色彩作为艺术设计的主要元素之一，已成为最有吸引力的情感表达方式和最具吸引力的设计手段。现代设计是现代艺术设计的一种，在其色彩的选取上，大部分都是相关某些民族民间文化的概念。在运用色彩方面，将民族对色彩的喜好程度和民族文化心态表现出来。中国古代劳动人民对于阴阳五行这类哲学思想的形成是通过在长期的生产和生活实践中形成的，在此基础上，相应的中国传统的五个基本颜色就产生了，即红、绿、黄、白、黑，它们代表了中国传统社会的颜色整体概念。

六、现代艺术设计情感与精神表达

艺术设计，是作为人类精神文明的产物出现的，凝聚了设计者的情感和心血，表达了设计者情感和内在精神。艺术家将对生活的体会及对艺术世界的理解与体验，提炼并升华为特定的艺术形象，展示艺术形象的具体形式是图画，这样就将艺术转换成视觉可见的，目的是能够引起人们情感的强烈共鸣，并由此带给人们独特的心灵体验。在这种艺术转化的过程里，艺术家的真实感情是桥梁，桥梁的作用是把艺术构思与表现形式连接起来。艺术家将自身内在情感对外展示出来的就是艺术作品，情感是艺术家们艺术创作的力量。充满了生命和情感的设计作品就是优秀的、卓越的，没有真实感受的设计不可能是好的艺术设计，只有融入了作者的真实感受，作品才会展现出充满生活的张力与生命力。不同的国家，不同的企业，不同的款式风格会给人以特定的情感印象。像苹果公司的设计给人的感觉是简洁、现代与时尚，他们把公司的设计理念和表达情感化设计的产品向消费者推销。人们便会接受、认可并达成共识，设计情感在生产者、产品、消费者中循环，消费者不知道为什么喜欢这家公司的产品，但情感印象已在心中形成。

艺术设计之精神表达，既是当代艺术设计的功能之一，也是能够深刻地影响艺术设计品质的精神表达。这种精神信息的诉说，既强调艺术家内心精神的外在表达，也强调艺术家在他的艺术作品中充分体现的其精神追求。艺术设计的精神表达要同时兼顾艺术家内心信息的外在表露，也要在艺术作品中充分体现设计者的精神追求。这种精神表达重在神似，讲究格调、内涵、品性。在进行实际艺术设计的时候，更是要求以独特的思想内涵贯通艺术作品之中，以便让作品能够呈现出其独特的意境、内涵与品性。

同时现在进行现代艺术设计时也要注重个性的展现，通过个性化的设计实现现今艺术作品个性化的内心表达。通过个性化的设计实现现代艺术设计的文化传统的艺术创新，打破传统模式，在设计过程中，充分展示自我，以特色的创意展现个人想象力和创造力，将个人精神表达最大限度地发挥出来。

随着人类社会的发展，外部的物质环境发生了巨大的变化，人们的审美也发生了变化，没有绝对的美，也没有绝对的丑，人们赋予事物的定义更多可能只是个人喜好，欣赏或讨厌。当人们物质需求得到满足时，精神需求便成为新的动机，设计师要反映出高层次的精神享受要求，就要开始注重人的因素，开始关心人的生理、心理和情感的需要，为人设计。随着人们对生活品质的要求越来越高，越来越多的设计出现在我们面前，生活产生了现代艺术设计，现代艺术设计又改变了我们的生活。现代艺术设计作为一门综合性极强的学科，是作为某种总体文化的一个有机构成部分而存在的，是在同文化的其他构成部分（经济、政治、军事、伦理等部分）的相互关系中才能确定其价值的。设计师要赋予作品"美"，创造出和谐美，只要作品符合美的原则，在与市场有机结合的同时，具有创新并符合现代人的审美标准就能获得消费者的青睐。现代艺术设计归根结底是为经济服务的，只有切实了解消费者的审美，跟市场有机结合，创作出具有特色的个性化作品，才有更广阔的发展。

不管时代怎么变，人们的生活方式怎样变，人们对美的追求仍会一如既往，审美观念随着时代的进程不经意间悄然地改变着我们的生活，作为设计师必须紧跟时代的脉搏，与时俱进，对美充分地理解、贯通、运用，让现代艺术设计打上时代的烙印，让美引领时代的发展。

第二节 现代艺术设计的发展趋势

现代艺术作为人类的一种特殊思想方式，与人们实际生活的各个方面联系缜密。目前现代艺术设计的思路已经完成了自身的转变和完善，但是现代艺术在发展中还存在着很多的问题，对于现代艺术的设计，首先应该把握现代艺术的价值方向，最后根据其今后的发展路径进行研究和讨论，以便促进我国现代艺术设计的良好发展。

一、中国现代艺术设计的价值取向

我们应该正确地把握现代艺术设计的价值取向，一方面要体现出艺术设计的时代性；另一方面要注重艺术设计的实践性。在现代艺术设计中应该充分展示创新的意识，创新是艺术设计的灵魂，创新意识的提高，是设计师风格的一种表现。因此，必须重视艺术的创新性。在现代艺术设计中，还要注重个性化的价值取向，以提高产品的使用性能为前提，适当地添加个性化的设计理念，不断地促进艺术设计的科技文化和人文文化的发展和融合。

二、现代艺术设计在我国的发展趋势

（一）绿色生态设计的发展

虽然工业化的发展和现代艺术设计为人们的生活带来了巨大的便利，但是不可否认的是其在发展的过程中，对生态环境已经造成了严重的破坏。随着社会的不断发展和进步，环境保护作为现代艺术设计过程中人们最直接的

感官体验,也是体现环境保护主体的最佳方式。这就要求人们在自身不断发展的过程中,必须深刻地意识到地球环境恶化对自身发展所产生的影响,同时采取积极有效的措施,将绿色设计理念与现代艺术设计紧密地结合在一起,才能将现代艺术设计在环境保护中的作用最大限度地发挥出来。

(二) 人性化、情感化设计的发展

随着科学技术的不断发展,电脑、网络等与人们的联系也越来越密切,这也为现代艺术设计的发展提供了全新的平台。所以,现代艺术设计人员必须紧跟时代发展的潮流积极地进行设计方式的创新,站在不同的角度分析人们对设计方案的感受,才能在拉近人们与设计方案距离的同时,实现与用户群体之间的良好互动。只有在充分了解和掌握人们对设计产品的情感互动需要的基础上,才能设计出符合人们需要的产品,而现代艺术设计中的情感设计则是将产品形态的情感化最大限度地表现出来,将精神层面的表现与产品设计紧密地融合在一起,才能使人们在欣赏设计作品的过程中,将人们内心即将消逝的共鸣唤醒。

(三) 地域化、乡土化设计的发展

地域的不同所产生的生存条件也必然存在一定的差异。如果人们在特定的环境下生存的话,那么就会为了满足自身发展的需要,创造出内容越来越丰富的事物,而这些事物在充分表现人类文明的过程中,也体现出人类发展过程中的文化特质。不管设计师设计出怎样的作品,设计师所在地区的传统文化都会对其所设计的作品产生深远的影响。设计人员只有将传统文化与自身的设计理念紧密地结合在一起,才能促进设计作品欣赏性的不断提高。由于地域、民族的不同,传统文化也会存在巨大的差异,如果将这些差异与现代艺术设计紧密地融合在一起的话,现代艺术设计的效果将会得到大幅度的提升。将现代艺术设计与中国传统文化紧密地结合在一起,不仅实现了现代艺术设计思路创新的目的,同时也为艺术设计注入了新的生命力。另外,现代艺术设计与科学技术的完美结合,不仅促进了设计作品科技含量的全面提升,同时也为现代艺术设计的发展提供了广阔的发展空间。

三、我国现代艺术的发展路径

(一) 将中国本土文化与国际艺术设计文化相融合

随着中国加入世界贸易组织,为中国的发展带来了机遇和挑战。目前现代艺术的发展已经不能脱离市场经济的发展,怎样促使现代艺术不断适应现代社会的发展,这将是设计者们要着重注意的地方。因此,现代艺术设计也应该打开国门看世界,不断引入国际艺术设计理念,并将本民族的文化设计精髓融入现代艺术设计之中,促进中国的艺术设计走向国际前沿。从设计的文化角度分析,必须将我国的艺术设计理念作为艺术设计的中心,然后将风靡国际的艺术理念融合本土的民族设计文化之中,创建出一种独特的民族艺术设计面貌。因此,在现代艺术设计之中不仅需要结合国际的艺术设计理念,还需要进一步地深化民族意识,建立独具特色的中国民族品牌,也需要我们以审视的眼光,来对待中国现代艺术设计和国际艺术设计。

(二) 在可持续发展背景下创新研究现代艺术的发展

可持续发展是近些年我国为促进我国现代社会良性发展所实施的重要发展途径,现代艺术设计要想在市场竞争中立于不败之地,就必须将可持续发展理念作为现代艺术设计的发展方向。尤其是工业设计中,存在着过度商业化的设计。因此,基于此背景下,设计师们必须要严格遵守相关的设计要求和职责。

可持续发展背景下对现代艺术设计的要求就是要掌握绿色设计的理念，着重地克服传统艺术设计中的弊端，以便不断地适应现代社会的可持续发展的要求。绿色设计主要就是将传统的设计理念更新，并在设计技术中逐渐采用环保的设计手段，还要根据实际所设计的产品，创新设计思路，最后还要严格遵守绿色实际的核心要求，设计制作的材料尽量选用可降解、可回收、可再生的材料，将可持续发展作为现代设计的一种遵守准则，不断促进现代艺术设计的良性发展。

（三）将个性化设计理念融入艺术设计中

随着 21 世纪的到来，迎来了现代艺术设计的个性化设计时代，经济的繁荣发展，要求现代艺术设计必须严格遵守现代审美要求。目前，随着经济的发展，人们的精神世界正在不断地丰富，人们从不同的角度审美现代艺术设计，人们在购买设计产品时，更多注意的是产品的设计、产品的个性。在个性化设计理念的不断发展中，现代艺术设计不应该只是单纯的盲目跟风，应该在设计理念中增添个性化的设计方案，以便提高现代艺术的设计水平。

（四）将现代科学技术与现代艺术相互融合，促进现代艺术的发展

随着现代科学技术的不断发展，当代科学技术已经离不开人们的现实生活，想要促进我国现代艺术良好的发展，就必须将先进的科学艺术与现代艺术相互融合，以便促进现代艺术的不断创新与发展。现代艺术设计首先要将现实生活中的理性和情感凝聚到现代艺术设计之中，以便全方位地提高人们的审美意识。现代科学技术的应用会为艺术设计增添新的光彩，设计本身就是一种艺术手段，不同产品的设计都是一种艺术的体现方式。例如，现代的

手机贴膜钢化膜的设计，不仅仅要求美观、防刮花，还要降低手机膜的厚度，从而增强手机触屏敏感，有防摔防压的功效。现代艺术设计应该充分应用现代科技的手段和材质材料，以便于不断满足人们不同的设计追求。

在现代经济的科技发展的大背景下，现代艺术设计的理念应该紧紧跟随现代市场和人们新兴观念的要求，不断地将中国本土文化与国际艺术设计文化相融合，并在可持续发展背景下创新研究现代艺术的发展，将个性化设计理念融入艺术设计中，促进现代科学技术与现代艺术相互融合，促进现代艺术向良好的路径发展。

第三节 现代艺术设计与文化创意产业的关系

随着时代的发展，第三产业逐步壮大，当代经济在强调文化艺术对经济的支持与推动的新兴理念下，文化创意产业由此崛起。文化创意即在特定的文化背景下，依靠创意人的智慧、技能和天赋，借助高科技对文化资源进行创造与提升。顾名思义，文化创意就是"文化"与"创意"的结合，强调以文化、创意理念为核心，注重人的知识、灵感和想象力。文化创意产业则是将文化艺术、科学技术、产业经济和高等教育有机地结合起来，具有鲜明的知识经济时代特征。当前全球以文化创意产业为设计的新的发展方向的战略越来越受到广泛认同，这一转变对高等艺术设计教育提出了新的要求。

一、艺术设计是文化创意产业发展的依托

艺术设计教育是启发人的思维的教育，是提高个人综合素质和创造力的

教育，是文化创意产业的源头和基础，承担着为文化创意产业提供思想资源的重要使命，直接为文化创意产业提供智力与人才的支持，为促进文化创意产业规模的扩张和产业结构的优化提供人才保障。1998年，英国创意产业特别工作组首次明确了创意产业内涵："源于个人创造力、技能与才华的活动，而透过知识产权的生成和运用，使其创造财富并促进就业。"例如，深圳在全国最早提出了"文化立市"战略，制定了第一部文化创意产业发展的地方性法规；同时还设立了文化创意产业发展专项资金，大力扶持动漫游戏产业、创意设计产业，完成了从"文化沙漠"到"设计之都"的转变，使文化创意产业逐步成为深圳"第四大支柱产业"。事实证明，人才的力量是文化创意产业发展的关键。在我国，文化创意产业作为新兴产业，起步较晚，但发展势头迅猛。据统计，2005年上海市已有18个创意产业基地，2008年发展到50个。北京重点培育六大文化创意产业中心。2005年北京文化创意产业产值达960多亿元，占北京市GDP的14%以上。当前依托高校艺术设计教育资源，培养一批具有较高艺术素养、知觉思维能力和文化创意的高级人才，已经成为发展我国文化创意产业工作的重中之重。

二、艺术设计创新人才是发展文化创意产业的核心

在21世纪知识经济时代，人才是社会发展的第一资源，高校作为培养人才的主要场所，肩负着为国家培养创新型人才的重大使命。随着全球经济的迅猛发展，以及物质财富的快速增长，文化产业的发展备受关注，实施人才强国战略已经成为党和国家的一项重大任务。英国国务大臣克里斯·史密斯2001年撰文认为："文化产业作为创意产业对知识经济和国民富强的重要性得到了广泛的认同，创意产业已经从外围进入中心。"从国际文化创意产业的发展来看，英、美、日、韩等国都是文化创意产业的典范国家，拥有自己

的特色，并产生了巨大的经济效益。由此可见，创新人才是文化创意产业发展的核心，创新人才的价值对经济及文化创意产业的发展意义重大。因此，高校艺术设计教育应紧密结合当前经济和文化创意产业的发展形势，根据社会的需求不断转变办学观念，针对专业所特有的敏锐性、定向性、实践性、开放性等特点，转变教育观念与更新教学模式，运用现代教育教学理论，注重理论和实践相结合，全面提高学生创新能力，积极探索和尝试创新人才的培养途径。只有这样才能为我国乃至国际的文化创意产业培养更多具有文化见识、文化自觉、美学素养、艺术想象力和创造力及实战能力的高级复合型人才，这对我国今后文化创意产业的发展有着重要的现实意义和深远的历史意义。

三、艺术设计教育创新型人才培养现状

知识来源于实践，能力来源于实践，素质更需要在实践中养成。艺术设计由于专业的特殊性，要注重学生实践能力的培养，而实践活动是培养学生创新能力的重要途径。目前我国许多高校的艺术设计专业教学普遍存在着偏重技术训练的倾向，缺乏实践研究意识，使得教学活动大部分在课堂内开展，实践研究教学环节非常薄弱，出现了"教"与"学"，"理论"与"实践研究"之间不协调的教学效应。主要表现为：一是学习中缺乏问题意识，对实践研究的积极性不高，常常将现有的书本知识、大师的作品看成是绝对的真理，造成设计作品越来越趋于程式化，甚至是对网络作品的简单复制与翻版，严重抑制了学生创造性思维的发展和动手能力的培养；二是人才培养方案陈旧，受传统艺术设计教育思想的束缚，过于注重风格和技法的训练，知识面较窄，造成学生对新事物、新动态、新技术缺乏敏感度，设计观念陈旧，无法形成创造性思维能力；三是目前很多开办设计专业的高校，大多还没有

真正属于自己的教学实践基地，科研平台建设不给力，导致学生的科研活动开展不顺，没有真正与文化创意产业市场接轨，缺乏融入创意时代的知识和内容。

四、艺术设计教育与文化创意产业对接之路的思考

文化创意产业被誉为后工业社会的黄金产业，也是全球发展最快的产业之一。而我国创新人才的匮乏已经制约了创意产业的持续发展。高校的艺术设计教育涵盖了文化素质教育与科学技术培养，设计创意与人才聚集，科研与服务齐肩，这必将会促进文化创意产业的快速发展。当前我国艺术设计教育与经济产业对接方面和国外院校相比明显不足，直接影响到高校艺术设计学科的建设，影响了高校培养适应文化产业发展趋势的人才。如何借鉴他国成功经验，结合我国国情通过艺术设计教育与文化创意产业对接之路，培养艺术设计创新型高级人才，是我们必须思考的问题。

（一）艺术设计教育必须考虑与文化创意产业发展相适应

高等学校应主动面向经济建设，艺术设计类专业是与经济发展密切相关的专业，其发展必须立足于服务经济发展。在英国，创意经济每年以12%的速度增长，美国更是高达14%，事实上创意产业已经成为这些国家的支柱产业之一。创意产业在全球每天创造着220亿美元的价值，并以5%的速度递增。在《上海文化创意产业发展"十二五"规划》目标中明确提出，2015年，上海文化创意产业增加值占全市生产总值的比重将力争达到12%左右，成为名副其实的"支柱产业"，使上海成为联合国创意城市网络的重要节点。北京朝阳区"十二五"期间，将重点发展艺术和设计产业，年产值突破500亿元的艺术和设计产业功能区。随着中国经济发展由制造向创造转型，设计在国

民经济发展中的作用日趋重要，成为促进国家或地方经济转型，提高产品附加价值的重要途径，发展文化创意产业是保证这种经济增长的重要举措。因此，在现代艺术设计教育中，必须统筹规模、结构、质量，全面开展以文化创意产业为主要内容的设计教育，真正着眼于区域与地方的经济与文化特征，以及未来创意产业的发展空间，因地制宜，因材施教，形成学科布局合理，适应文化与经济建设需求的现代艺术设计教育的构架，培养社会急需的艺术设计人才。

（二）调整专业设置，突出办学特色

我国的文化创意产业大致可分为四大类：一是文化艺术，包括表演艺术、视觉艺术、装饰艺术等；二是创意设计，包括环境设计、工业设计、广告设计等；三是传媒产业，包括动画、电影、数字等；四是IT行业，即软件及计算机服务。在文化创意产业飞速发展的今天，高校原有的专业结构受到挑战，要使高校培养出来的人才能适应当前的经济形势，就必须根据地方建设的需要调整专业结构，以适应和满足不断变化的创意的需求。一方面可对原有的专业进行重新规划和界定，增设新兴的文化艺术产业类的专业或方向，例如电影、动画、新媒体艺术、艺术管理等。另一方面可增设符合市场需求的新课程，如整合、策划、管理、营销、设计理念、设计定位、产品计划、市场调查和生活形态研究等。各高校还可以结合自身的特点，重点开展具有本校特点的专业和教学内容。

五、艺术设计教育与文化创意产业人才培养的策略

要大力发展文化创意产业，加快文化创意产业基地和区域性特色文化创意产业群建设，培育文化创意产业骨干企业和战略投资者，繁荣文化市场，

增强国际竞争力。而目前制约我国文化创意产业发展的主要因素正是缺乏高素质人才，尤其是创新型人才的匮乏。当前我国艺术设计教育缺乏对于文化多样性、学科交叉和个人创造性的认识，这些都直接影响高校艺术设计学科的建设，影响了文化创意产业的人才培养。知识来源于实践，能力来源于实践，素质更需要在实践中养成。艺术设计由于其专业的特殊性，尤其要注重学生实践能力的培养，实践活动是培养学生创新能力的重要途径。鉴于此，根据我国高校艺术设计教育与文化创意产业发展现状，要培养高素质的文化创意产业人才，应从以下几个方面来构想：

（一）创新教学方法

文化创意产业是一个新兴的产业，发展空间巨大。艺术设计教育中前瞻性的眼光和超前的思想是推动文化创意产业发展的动力，高校应利用自身的学研优势，针对社会的发展和市场需求，创新教学方法，积极完善校企联动、产学研相结合教学模式，加强对学生创新能力的培养，积极建立自己的产业，或者与创意企业的工贸优势结合，形成产学研、科工贸密切联系的教育模式。例如，北京大山子艺术和设计创意产业功能区，现有文化创意产业机构约1000余家，其中约400家位于798艺术区内，主要以现代艺术展示、创意设计为主；60余家位于751时尚设计广场园区内，主要以时尚设计和展示为主，众多门类的文化创意产业机构为高校的创新构建了良好的平台。事实证明，培养学生的创新精神和科研能力，把创新理念引入课堂中，不仅有利于培养学生的科研能力，而且还能培养学生的自主学习和不断更新自己知识的能力。例如，艺术设计教学中某些实践性非常强的课程就可以直接由教师带领在创意园中进行操作，如专题设计、艺术创作等。因而丰富、完善和培养学生想象力可以从投资文化企业，创建产业机构，研发创意项目出发。创意产业机构为学生开展创新活动提供了设备、仪器、场地、资料库等,使学生多听、多见、多经历,丰富其人生阅历,将会大大提高艺术的鉴赏力。

(二) 构建实践特色教学环节

艺术设计教育中文化创新是关键。从社会学的角度来说,我国每一个民族的风俗习惯、人文历史及思维方式都是中华民族独特文化的重要组成部分。文化创新不仅要从传统文化中汲取营养,还要加以创造、发扬,才能突出本土特色,满足其精神消费需求。艺术设计与个体哲学思想的表达息息相关,个体哲学思想需要通过艺术设计来展现其强大的生命力。只有考虑把文化与未来经济、科技和社会产业结构的发展,以及艺术设计人才的培养联系起来,才能提升文化创意产业的价值。广东省就文化创意产业的发展提出了新的理念,并制定了《建设文化大省规划纲要》和相关政策和法规。如在政府财政税收政策支持的同时鼓励、引导和吸收民间资本投资文化创意产业;注重艺术设计人才的培养,将人才作为文化发展的重中之重;探究广东历史文化特色,结合现有的历史资源打造具有现代岭南风格和鲜明时代特征的文化精品。博大精深的中华历史文化,源远流长。为了引导学生了解中华文化、体会文化产业创意,在现代艺术设计教育中应增强学生对文化创意事业及其对经济的重要性的认识与理解,学习和掌握现代科学技术的新材料、新技术,坚守本土文化的沃土,并加以创新和改变。引导学生对传统文化的创新和研究,从中体会其精华,提高学生的艺术修养和审美能力,为文化创意产业发展培养更多具有创新精神和独特创造力的设计人才。

(三) 建立和完善设计教育的信息平台

艺术设计教育属于文化范畴,艺术设计专业的学生相对于其他专业更需要创新意识和创新能力的开发与培养。在全球文化创意产业快速发展的前提下，加强对外文化交流，成立研究机构，推广文化项目，举办文化展览，鼓励国内外文化企业间的交流合作等，是学生拓宽视野、进行文化交流最有效的途径。目前艺术设计类的学生在入校前都有专业成绩考核，学生作品基本功不错，但设计作品往往缺乏时代感、独创性；有的作品仅满足于模仿，有的作品多采用借鉴，创新意识欠缺。其主要根源在于学生视野狭窄，信息闭塞，缺少相关对象横向、纵向的比较；缺乏文化交流，严重抑制了学生的创新思维。因此，要积极营造有利于文化创新的文化信息交流环境，增强学生创新意识，拓宽学生的视野，转变思维方式尤为重要。例如，举办艺术讲座、文化论坛、科技竞赛等，让学生零距离参加设计项目的制作，接触到最前沿的设计媒介和设计资源，与市场经营模式同步，与合作者达成团队意识。只有这样学生才能做到理论与实践最佳结合，才能创作出更多适合国民需求、提升国民素质、提供国民乐于接受的文化产品，从而弘扬优秀的中国文化，促进文化市场繁荣。

（四）注重教学成果的转化

设计艺术的生命力主要体现在创新和应用的结合，形式上的创新如果没有应用价值，那么设计艺术的生命力就无从谈起。也可以说设计离不开经济因素，优秀的设计是要联系经济、联系实际，应用于现实生活，因此设计不能局限于"虚拟的设计"，要注重设计的成果与工业生产、社会经济的关系，注重成果的转化，充分考虑企业的经济效益和社会效益。例如，深圳文化创意产业2002年增加值总量规模约55亿元，到2009年文化创意产业增加值达到531.3亿元，"支柱产业"作用凸显，其中对创新成果的转化是保持文化创意产业高效快速增长态势的重要原因。随着文化创意产业人才培养计划纳入教育体系，政府会大力支持高校的科研活动。教师要关注市场的需求和变化，有意识地开展真题设计，激励学生积极探索，开发学生的创造潜能。采用产学研一体化的教学模式来培养创意人才，充分发挥不同教学环境和教学资源在人才培养方面的优势，激发学生的创新热情。

（五）加强与国外高校的合作交流

国内高等艺术设计院校应加强与国外相关专业高校和科研机构的交流合作，来培养具有国际视野、创新意识和娴熟技艺的复合型艺术设计人才，实现艺术设计教育与国际化产业的接轨。各高校应加强师资培训，每年可选择骨干教师去国外高校访学，这样可以全面提升教师的专业能力和整体素质。学院也应及时调整办学思路，更新教学理念，教学内容以前沿性的知识为主，实现与国际化教学接轨。同时，还可以邀请国外相关专业的知名学者与教育专家来校讲学，定期开展国际间的学术交流和教育合作项目，拓宽学生的视野，丰富学生的知识、理念和经验，增强对跨国文化艺术设计活动的感性认识。如通过国际院校交流生的形式，开展中外学生互访、设计作品互展等活动，让学生接触到不同文化背景下不同教师的观点和设计思想，逐步形成多种文化、多种观点、多种思维方式并存的国际化学习氛围，做到真正意义上的教育资源整合，实现跨领域与国际接轨的人才培养。

文化创意产业是经济、文化、技术等相互融合的产物，作为新崛起的产业，为发展新兴产业及其关联产业提供了良好条件。高层次创新型人才是文化创意产业发展的关键。因此，对于高校艺术设计教育而言，不应固守僵化的传统教育观念，而应坚持全面的、动态的、可持续的发展。高等艺术设计教育前瞻性的眼光和超前的思维是推动创意产业发展的动力，只有清楚认识到这一点，才能更好地适应文化创意产业所需，培养出更多更好的高素质的有创新精神、创意能力的人才，从而更好地为文化创意产业服务。

第四节　现代艺术设计与文化创意产业的创新

近年来，文化创业产业获得了稳定发展，并成为国家重点扶持的新兴产业之一。在此背景下，社会对于创新人才的需求量不断提升，特别是文化设计和文化创意等相关产业。然而，由于在过去相当长的一段时间内，社会和企业对于艺术创新设计人才的需求量并不高，且高校在培养此类人才的投入亦非常有限。导致目前在一定程度上出现了"无才可用"的尴尬状况。这一点在现代艺术设计方面表现得尤为突出。基于此，如何在文化创意产业蓬勃发展的背景下，实现现代艺术创意的长足进步成了一个必须面对的重大课题。

一、文化创意产业与现代艺术设计创新

（一）文化创意产业发展概述

文化创意产业的出现和发展与一个国家产业结构的调整和升级有着紧密的联系。从纵向来看，文化创意产业的出现和发展是第三次工业革命之后的事情，即工业经济完全成熟，人们对于生活文化的需求不断提升。在此背景下，那些不再追求标准化和规模化生产的文化与服务型企业开始萌芽并迅速获得了市场的认可。从横向来看，文化创意产业最早出现在欧美国家。这些国家先于其他国家开展并完成工业化和现代化建设，这些国家的人民对于文化和服务产品的需求大大高过于其他国家。人们的需求成为推动文化创意产业发展的重要动力。

我们国家的文化创意产业的出现和兴勃是近十几年的事情。随着国民经济的高速发展和人们思维观念的改变，我国人民对于文化和服务类产品的需求也呈现出逐年上升的趋势。这一点从我国第三产业比重的逐年提升中便可管窥一二。近年来，国家也开始重视和扶持文化创意产业的发展，因为文化创意产业具有三方面优势。首先，文化创意产业属于"清洁产业"，不会导致重大污染。相较于工业经济，文化创意产业更加符合环保和可持续发展的主旨，因为它并不需要使用太多的化石燃料，也不会产生工业废气。这对于正在着力构建新型经济结构的中国来说具有很大的吸引力。其次，文化创意产业能够创造数量庞大的就业岗位。相较于金融、期货等行业，文化创意产业虽然也属于第三产业，但相较于前者，后者能够创造出更多的就业岗位。因为和金融等行业相比，文化创意产业的准入门槛低，需要的劳动力人口数量较高。这对于逐渐面临就业难问题的中国而言，是一个值得大力扶持的新型产业类型。最后，文化创意产业的发展可以促进我国产业结构升级。我们国家的产业结构长期存在不合理和不稳定的问题，其中最大的问题在于房地产与相关行业占国民经济比值过高。因此，大力发展文化创意产业，吸纳就业人才创造新型产值，能够缓解甚至解决我国产业结构不合理的问题。

（二）现代艺术设计创新的必要性和基本要求

现代艺术创新是艺术设计和相关行业是得以发展的重要前提和基础。而创意和灵感对于艺术设计而言具有决定性的影响。因此，现代艺术设计创新的重要性不言而喻，从某种程度上说，是否进行创新和创新的成败如何直接决定着我国现代艺术设计行业的存亡与发展。但是，虽然创新的重要性得到了广泛的共识，可是如何有效激发创新活力却依然是一个尚未解决的问题。有的学者和实务人员认为通过培训班和继续教育就可以培养和提升设计人员的创新思维；有的专家学者则认为，现代艺术创新必须要向别的国家和地区学习，将它们的先进经验融入创新业务中。这些方式和手段虽然在一些个案上产生了作用，但却都还未到普遍使用的程度。归纳来说，现代艺术设计创新需要达到如下基本要求。第一，实用性。艺术设计创新策略必须要有现实的意义，能够在实际的产业发展中带来正面影响，不然，现代艺术设计的创新就没有意义。第二，较为普遍的适用性。现代艺术设计已经成长为一个较为成熟的产业门类，那么其创新策略也要能够在相当程度上适用于产业内的各个公司或组织，如果某项创新策略只在特定的个案上产生作用，那么这样的创新是无法复制和学习的。

二、文化创意产业背景下现代艺术设计创新策略

（一）探索创新模式与途径

文化创意产业发展为现代艺术设计创新提供了一个有利的窗口和契机。过去，现代艺术设计和其他相关设计产业在我国虽然取得了不错的发展成绩，但是都未能产生现象级的发展成果。很大程度的原因在于文化创意产业在整体上尚处于萌芽或初级发展阶段。而这样的宏观背景也导致现代艺术设计产业在创新方面出现动力不足的问题。如今，随着经济结构的挑战以及国家对于文化创意产业的愈发重视，文化创意产业迎来了发展的春天。而这一背景也直接促使现代艺术设计创新迎来了新的契机。具体来说，文化创意产业的繁荣为现代艺术创新提供了两方面条件：

首先，文化创意产业的发展将吸引更多人才进入该行业。一个繁荣的行业必然能够吸引更多优秀人才的加入。过去文化创意产业尚属于初级发展阶段，许多人对它的未来并没有太大的信心，因此一些设计人才或管理运营人

才并不愿意进入文化创意这个产业中来。这也导致前文所述的"无才可用"的尴尬状况。近年来，情况发生了根本性的变化，人们对于文化创意产业的前景信心十足，纷纷加入这个新兴产业。人才的大量涌入，也为文化创意产业的创新发展提供了充足的人才基础。现代艺术设计行业的创新较之以往也更加活力四射。因为新加入的人才，不论在思维逻辑、技能训练还是在经验学习、创造才能等各个方面都能够为现代艺术设计行业增添有益成分。如此一来，探索和发展现代艺术设计的创新发展之路就变得切合实际和平坦。

其次，文化创意产业发展形成的集聚效应在实际层面推动现代艺术设计创新的发展。产业集聚效应的力量不可小觑，这一点在文化创意行业上体现得尤为明显。近年来，出现了许多类型的文化创意企业，它们在沟通交流过程中形成的聚合效应，让文化创意产业发展之路变得更为平坦。而各个企业之间相互的交流合作，也摩擦出许多创新的火花，这一点在现代艺术设计行业表现得较为充分。由于有了新鲜血液的注入，现代艺术设计行业中的交流和沟通成了常态，而各个企业之间由于主营方向和人才结构的不同，很容易出现新的想法和创意，而这正是以往现代艺术设计行业所稀缺的。由此，我们可以得出结论，文化创意行业所形塑的集聚效应对于现代艺术设计创新发展而言，具有极强的实际效果。

（二）加大艺术设计创新人才培养力度

人才培养在任何时代都是极其重要的事情，这对于现代艺术设计而言也同样适用。虽然在过去很长一段时间，教育部门和企业都花费了一番功夫来培养艺术设计的创新人才，但是结果却有负众望。究其原因，除了教育策略方面出现了问题之外，时机选择不恰当也是导致设计创新人才培养失利的重要原因。由于文化创意产业在当时处于初级发展阶段，人们对于文化创意产业以及现代艺术设计行业的未来发展并没有非常清晰的图景与规划。这导致在教学和培养的过程中，许多课程的设施和教学内容与日后行业发展的总体趋势并不适和。虽然这也导致资源投入较大，但学生学习到的知识却无法运用于实际生活中。如今，随着文化创意产业的长足发展，人们对于该行业未来的发展趋势和路径有了较为清晰的认识；对于现代艺术设计的发展方向和创新需要也有了更加深入的了解。基于此，再度加大艺术设计人才培养的力度将在很大程度上发挥应有的效果。

（三）汲取传统文化的精髓

虽然现代艺术设计所使用的主要元素和构成要件都是现代艺术门类中的内容，但是对于我国传统文化精髓的吸收，却是推动现代艺术设计创新的重要动力。并且，在蓬勃发展的文化创意行业之中，就有相当数量的企业和组织在积极探索传统文化元素的活化和创新。这些企业的做法也值得现代艺术设计企业进行学习。以往，在现代艺术设计创新过程中忽略了传统文化的重要性，甚至有些从业人员认为传统文化的格调与现代艺术设计谬之千里，根本不能够相互结合或进行搭配。但事实情况却是，一些敢于尝试的企业，已经在吸收和使用传统文化元素的过程中尝到了甜头。他们将传统文化元素纳入现代艺术设计的过程中创造出了有别于市场一般产品的创新产品，这些产品获得了相当多消费者的追捧。举例而言，有现代艺术设计企业将传统绘画与现代绘画技艺相融合，创造出颇具民族和时代特色的创新绘画和装裱技术，用以替代原本的制作技艺。这种全新的设计作品一上市就受到了许多消费者的追捧，一时间销售量翻了几番。又譬如有企业将敦煌壁画融入现代艺术设计之中，看似毫不相关，但却给人一种特别的审美视角与美学享受。如此可以看出，将传统文化精髓融入现代艺术设计之中能够获得意想不到的效果。

并且，在现代艺术设计过程中汲取传统文化精髓也符合普遍适用性的要求。因为我国传统文化的门类多样、内容丰富，可谓现代艺术设计行业取之不尽的资源宝库。如果企业能够利用好这一资源，必定能够在艺术设计创新方面取得长足进步。

文化创意产业的发展为现代艺术设计创新创造了有利的条件。现代艺术设计创新必须符合实用性和适用性两大原则和要求。而利用产业集聚与发展契机，探索创新模式与途径；加大艺术设计创新人才培养力度；汲取传统文化的精髓，推动现代艺术设计的创新；借鉴其他国家和地区的先进经验等四方面内容符合实用性与适用性的原则和要求，可以视为现代艺术设计创新的主要策略和机会。

第五节　现代艺术设计与文化创意产业的结合

创意产业，又称为文化创意产业、创意经济或创意工业，是以创新与创造力为基础，强调以文化创意投入和技术创新推动经济发展的新型产业形态。它是文化产业的重要组成部分，但同时又是对文化产业的超越，是21世纪知识经济时代最具有成长活力和创新潜力的行业。创意产业为地区经济、社会和文化的发展提供了新的机会，对推动社会转型和凝聚经济活力起到良好的作用。欧美发达国家从20世纪80年代开始率先拓展文化创意产业，取得了巨大的成功，并拥有各自的特色及完善的发展模式。现在，创意产业已成为推动地区经济增长的重要力量，是国家综合实力的核心竞争力。

1998年，英国创意产业特别工作组的筹划文件《英国创意产业路径》，第一次给创意产业创作了一个较为科学的定义:"源于个人创造力与技能及才华,通过知识产权的生成和取用,具有创造财富并增加就业潜力的活动。"然而,让创意经济、创意产业等概念真正深入我国,使得民众所熟知的,则是有"现代创意产业之父"之称的约翰·霍金斯的理论,他用数学的等式简洁地说明了对创意经济的定义:"创意经济=创意产品的价值×交易次数的乘积,也就是 $CE=CP \times T$。"如果用简单的语言来概括约翰·霍金斯所阐述的创意经济,那就是让具有丰富创意趣味的文化或艺术大规模地与市场直接接触,并且由此获得巨大的经济收益。约翰·霍金斯指出:"十五大产业属于创意产业的范畴,包括广告、工业设计、音乐、艺术、工艺美术、电影艺术、表演艺术、建筑、时装设计、出版、研发、软件、玩具和游戏、电视和收音机、视频游戏等。"

从创意产业发展的层次上看,我国创意产业开始摆脱单一的业态结构,逐步向系列化、规模化、复合化、多元化方向发展,已然迈入世界创意产业发展大国的行列。

创意产业是国家和地区发展的核心竞争力,艺术设计则是创意产业发展的核心竞争力。作为创意产业转型升级的重要支点,构建艺术设计先进的价值体系是发展、升级创意产业迫切需要解决的课题。伴随着艺术设计学科的诞生,关于艺术设计价值构成的研究,丰富多彩,成果纷繁,不同时代赋予艺术设计价值体系不同内涵,当下,面对创意产业飞速发展、艺术设计积极融入、推动产业升级的同时,实现了自身价值结构的升华,被时代赋予了新观念和新内容。创意经济时代是新媒体高速发展的时代。各种海量信息通过互联网使我们唾手可得,没有创意的产品和广告很难在海量信息中吸引受众的眼球。艺术设计作为企业生产和营销服务的重要手段,需要充实自身的价值链,研究新媒体、新观念和新产业环境的特点,解决企业在新环境下生产、营销和传播的新任务，来重新构建自己的价值体系，努力适应创意产业的发展要求。因此，在创意经济时代，艺术设计中的"价值"和"创意"将会被达到前所未有的高度，这可以说是创意产业发展在某种程度上给艺术设计发展的一种压力，也是一种动力。

一、艺术设计价值体系在创意经济时代的界定

艺术设计是一门艺术与技术高度交叉的综合性学科。其概念的诞生是伴随着20世纪现代设计的发展而产生的。在我国，直到20世纪90年代艺术设计仍然被称为"工艺美术"或"装潢设计"。如果一定要追根溯源去探寻艺术设计的起源，那么人类社会制作的第一件工具，人类社会使用的第一件器物，都能看到艺术设计的历史身影，也就是艺术设计是伴随着人类文明的产生而诞生的。从社会发展规律来看艺术设计的本质就是，人类把自己的观念用于改造和征服自然，创造出人化自然和人类社会的过程，概括来说，即设计是一种文明形式。现代产业社会，艺术设计成为创造价值和实现产业繁荣的手段，不同的时代和环境赋予艺术设计价值体系不同的内涵。

（一）价值观的流变

悠久的历史和丰富的遗存是艺术设计宝贵的财富，但是，对于艺术设计学科的认识却是近代的事情。在现代设计价值观形成之前的漫长年代，设计的价值体系是单一的，装饰的视觉形式即设计的审美价值居于核心地位。19世纪中叶以威廉·莫里斯为代表的设计先驱，开启了民主设计、大众设计的思想萌芽时期。20世纪20年代，包豪斯设计思想的产生和发展，是现代主义设计运动和现代设计教育体系确立的里程碑。自此，艺术设计成为人类活动不可或缺的重要部分，就像一股无形的力量，渗透经济、文化、社会、生活

等与人类相关的所有领域，扮演着越来越重要的角色。与19世纪中叶以前古典装饰的表达样式相比，现代艺术设计拥有与产业社会接轨的实用性、经济性与可操作性，也从根本上改变了经济、文化、社会和生活的结构及外在形式。二十世纪五六十年代，以德国乌尔姆学院为代表，他们认为设计是理性、科学和技术的综合，主张艺术设计注重人机对话，要以人的活动为根本，提出要参与到包含"从勺子到城市的各种设计"的新文化建设之中，在这里，艺术设计被赋予了推动文化构建和产业崛起的重任。20世纪70年代以后，后现代设计风起云涌，个性化、多元化、反主流的设计价值观成为中心，乏味的国际主义风格成为革命的对象。总之，艺术设计在不同的时代被赋予了文化的、经济的、社会的、道德的使命，其价值体系的内涵也被刻画出深深的时代烙印。

（二）价值体系的构成

艺术设计的价值是设计师为实现某种预定的设计目的，运用智慧开展创造性活动，将物质根据人的需要改造成为具有一定属性的对象，以直接或间接的方式对对象的经济价值、社会价值、审美价值、文化价值等进行确认和创造，主要体现在人对社会关系的认识和对人的各种需要的满足。19世纪以前，装饰主义时代，设计的价值构成多局限于美的形式，追求过度的装饰，对于产品功能的忽视近于缺失。至近现代，工业革命带来了标准化的生产方式，形式追随功能的设计观念成为主流，在功利主义思想的推动下，经济的效益和效率、材料的合适与成本，成为艺术设计关注的重点。艺术设计语言缺乏新的表现形式，艺术语言被弱化，甚至于被忽视。艺术设计的价值构成进入了一个面向工业化大生产的单向度的体系，在这里，艺术设计的价值体系更重视与"物"相关的价值，而有意或无意地忽略"文化"和"情感"的意义。现时代，特别是二十世纪七八十年代以后，伴随着创意产业的崛起，艺术设计的价值构成开始走向多元化，对艺术设计的价值构成领域的研究也逐渐丰富。具有代表性的观点，如同济大学郑时龄院士提出，设计的价值包含哲学属性、物质属性、社会属性和经济属性。可见，在创意经济时代，艺术设计的价值体系应该是由它的经济价值、社会价值和审美价值共同组成的。

二、创意经济时代经济价值是艺术设计的核心

艺术设计是创意经济和社会形态发展的核心动力，其地位被上升至产业战略和经济战略的高度。艺术设计作为意识形态的外显，承载了经济发展的重任，已然成为推动国家、企业或机构发展的手段。在创意经济成为发展的主流、全球化市场竞争日趋白热化的今天，艺术设计早已被发达国家广泛关注，并获得了前所未有的投入。

（一）艺术设计是物化的产业

作为人类造物活动的一种形式，艺术设计在创意产业高速发展，社会和文化面临转型的今天，已与国家经济、资源开发、社会物质文明建设密切相关。从生产和消费的角度阐释，其本身就是物化的产业。

1. 艺术设计与生产

生产是经济领域中最基本的活动，设计与生产的关系是设计与经济关系的具体化。首先，艺术设计是社会生产的组成部分，也就是作为生产的前奏，形成艺术设计与生产的共同组合。艺术设计需要关注生产，同时生产也需要艺术设计的支撑。其次，艺术设计本身就是生产。艺术设计在作为生产环节前端的同时，其自身也是一种生产，是一种将精神生产和物质生产融为一体的新的生产力。在这个过程中生产出经济的、文化的、审美的价值，实质上

艺术设计本身就是生产力。在传统手工艺时代，艺术设计还没有从生产中分离出来，作坊主和工匠们往往同时拥有设计者、制作者、消费者和使用者多重身份。工业革命以后，工业化的流水线生产方式，新的社会化分工体系使艺术设计逐渐与生产分离，并逐渐发展成为独立的学科和行业。无论从艺术设计的视角，还是从生产的视角来看，艺术设计与生产的分离（或分工）都是产业社会发展的飞跃，这种分离（或分工）为艺术设计的快速发展创造了条件。艺术设计通过生产环节转化为生产成果，从而实现其经济价值。在创意经济时代，艺术设计不是作为一个产业出现，而是作为生产的构成要素，融合于各类创意产业的洪流之中。

2. 艺术设计与消费

消费是人类又一基本的经济活动，它指的是人们利用物质资料和精神资料满足自身生活需要的过程，是人类生存和发展中必不可少的环节，是社会再生产的重要组成部分。艺术设计与消费的关系也是艺术设计与经济关系的具体化。在信息时代，大规模的标准化生产发生了变化，生产和营销开始由侧重生产者的效率和效益转向满足消费者的情感需要。也就是说，今天的艺术设计，即创意经济时代的艺术设计，实质上是消费者满足自身需要的设计。

首先，要认识到艺术设计是为消费服务。常语云："需要是生产之母，需要是设计之母。"纵观东西方艺术设计史，可以发现，艺术设计的发展是建立在人类的需要基础上的，对于人类而言，需要具有不可排除性。人类需求的多元化，即消费的多元化，决定了创意经济时代艺术设计价值体系的形态。除了艺术设计生产的目的是为消费服务外，同时也是帮助实现消费、实现流通的重要方法。在创意经济时代，艺术设计为消费服务，就意味着艺术设计需要去研究消费和消费者，生产和设计出适合消费需求的产品。

其次，艺术设计是创造消费的手段。艺术设计可以增强消费者的消费欲望,从而创造出远大于实际需求的消费市场。一件漂亮的连衣裙,功能上完好如初,但是衣服的主人可能会因为追求时髦的新款而放弃使用。20世纪20年代福特汽车公司推出了著名的"年度换型计划",实质上就是利用艺术设计创造消费的典型案例。在创意经济的时代,残酷激烈的市场竞争,决定了艺术设计必然成为商家创造消费、攻城略地的利剑。

(二) 艺术设计是创造价值的方法

马斯洛心理学认为,人类的需要具有层次特性,概括起来有三个层次。首先是满足生存的需要,解决衣食住行的问题。第二个层次是追求公共性,即流行和模仿。这两个层次的需求都是大量的必需品,附加值相对较低。第三个层次则是"自我实现"和"自我超越"的物质和精神的需要。这个层次的需要,有自己判断的标准,对产品和价值有与众不同的要求,消费者更关注产品的精神内涵和象征意义。

经济学理论认为,"消费者愿意支付的价格约等于消费者获得的满意度",简单地说就是,同样的物质或精神产品,满足消费者需求的层次越高,消费者能接受的该产品的定价也就越高。创意经济时代,越是低端,市场竞争就越发激烈,因为"需求层次"降到最低,价格竞争显然也将是最低的,消费者感觉不到其他较高层次的"满意",愿意支付的价格当然也很低。创意经济,通过艺术设计的手段,创造出较高层次的需求,以期在市场竞争中获得更高的附加价值。20世纪80年代以来,欧美亚许多国家先后进入了后工业化时期,纷纷向创意经济转型发展,创意经济的时代即艺术设计的时代,艺术设计时代意味着高附加值时代的到来。艺术设计作为实现高附加值的手段,其创造价值的秘密就是它的艺术内涵,即针对不同层次消费者的消费心理和经济状况开发出相应的产品,将艺术的憧憬和美的形式落在高附加值之上。

（三）艺术设计作为管理的手段

19世纪末，现代设计之父—德国设计家彼得·贝伦斯与德国电器工业公司进行了亲密合作，首次将艺术设计作为经济管理的手段进入历史的舞台。此后百余年，以"企业形象识别系统"为中心的艺术设计在经济管理领域创造了无数的辉煌。企业形象识别系统对内强化了公司意识和公司个性，对外则发挥广告效应。

三、创意经济时代艺术设计的审美价值

人类从原始时代的生产尝试开始，就存有一种对形式和形式美的认识和追求，如石器上有规律排列的圆孔，彩陶上复杂的漩涡纹等。正如马克思所说："人也是按照美的规律来建造的。"在创意产业大发展的今天，政治、经济、文化等条件得以改善，人类在物质生活和精神生活各个领域，越来越重视美的要素，试图去实现功能需求之上的精神满足，从而提升生活品质和文化品位。艺术设计是人类在现代大工业生产条件下按照美的规律造型的一种创新的社会实践，是艺术、生活和技术的完美结合。

（一）技术之美

艺术设计中的技术指的是产品的功能、材料以及加工工艺和使用产品时相关的人机界面关系等。技术之美侧重于理性的思考，在艺术设计中代表了理性的思维形态。现代艺术设计作品中完美的结构和优良的功能，能引发人们内心的愉悦、审美和情感的共鸣。此外，新材料和新技术的应用都可使设计产品获得高品质的肌理美感，这些都属于技术美的范畴。技术美的实现同技术的发展密切相关，伴随科学技术的进步，技术之美已经成为艺术设计美

学的重要组成部分。

（二）形式之美

现代艺术设计的形式美具有独立的审美价值，它不是自然存在的事物，它是在人类漫长的劳动实践过程中逐渐形成的，并在社会历史文化的积淀中不断深化，最终成为一种植根于人类社会实践的"有意味的形式"。这个过程是一个长期的包括心理、观念、情绪等形式的累积。艺术设计形式之美的构成一般有两类：一类是构成形式美的感性质料，包括色彩、图形、线条、形状等；另一类是构成形式美的感性质料之间的组合规律，或称构成规律。

四、创意经济时代艺术设计的社会价值

艺术设计的创造活动是自觉的、有目的的社会行为。它是对社会的需要而产生，受社会规范的制约，并为社会服务。绝对不是设计师的"自我表现"。因此，艺术设计自产生起，即担负众多的社会责任，同时具备多种社会功能。

（一）社会可持续发展的支撑

创意经济的时代，不仅仅是高附加值的时代，同时也是可持续发展的时代。这就要求艺术设计在释放价值，为产业服务的同时，需要承担起社会可持续发展的历史重任。

首先，艺术设计在满足精神和物质功能的同时，应该注重"以人为本，适当开发"的设计理念。在处理人与自然、人与社会之间的关系时，通过艺术设计的功能实现生产力、生活舒适度、生态环境维护的最佳交集，让人性化设计与绿色设计的观念成为创意经济时代艺术设计的主轴。

其次，艺术设计应坚持"集约设计"的价值导向。人们往往抵挡不住超

额利润的诱惑，而盲目地去求新求变，迎合受众，从而"创造"出大量"多余"的产品和市场，以致最终对环境和消费者都造成巨大的破坏。这就要求艺术设计从道德和伦理的高度承担起相应的社会责任，经济的、政治的、文化的、伦理的等。注重合适的产品，引导建立理性的消费文化，力求实现和谐的人与自然、人与社会及人与人之间的互动关系。

（二）艺术设计是文化的外显和传承

可以说，文化在本质上是人的本质力量的成因、外化及其产物，在普遍而广泛的意义上，文化是人类通过与外在的，构成创造前提条件的环境相适应，所实现的一切生活方式，所形成的心态和行为样式，以及因这些方式和样式之需所创造的产品。这就是说，文化不仅包括物的方面，而且包括心的方面和心物结合的方面。文化不是环境，而是人与环境相互作用的结果。它既是人与自然环境相互作用的结果，是人适应自然的结果，也是人与社会环境相适应、人与人相互关系的产物。艺术设计是人类世界经过漫长的实践积淀而形成的文化成果，作为文化的重要组成部分，它的观念、它的行为方式受到文化的制约。反之，艺术设计本身亦是文化的载体，是构成文化的要素之一，是文化的具体化，是文化的传承者，它本身就是一种文化。在创意经济的时代，艺术设计需要发挥其作为文化载体的功能，创造出民族的、世界的优秀作品或产品，同时也为我国的文化创意产业走向世界的创造条件。

艺术设计价值体系包含文化、经济、社会、审美等领域的内容，并且随着时代的变迁，不断地丰富和发展。文化创意产业是未来经济转型的关键，艺术设计推动文化创意产业成为新时代发展的核心竞争力，设计师和艺术设计成为创意产业的核心。与此同时，创意产业的飞速发展，也对艺术设计和设计师提出了新的要求。因此，科学认识艺术设计价值体系的内涵，是文化创意产业健康发展的保证。

第六节　文化创意产业的发展路径

"创意产业"一词最早源于英国，是指源于个体创造力的技巧和才华，通过开发和运用知识产权、创造财富并增加就业潜力的产业，通常包括广告创意、建筑设计、时尚设计、艺术品和工艺品、美术、电影、音乐表演艺术、互动休闲软件、电视、广播、出版等13大门类，其本质是为消费者提供多元化、差异化、高层次的精神体验。文化创意产业在经济、文化社会等方面展现了自己独特的力量，文化创意产业对国民经济增长的贡献逐渐上升。当前，我国文化产业占国民经济比重的3.7%，到2020年，这一数字将力争达到5%，从而成为国民经济的支柱性产业。文化创意产业还以物质的形态彰显着中国文化软实力，它通过将文化资源转为文化资本，成为变资源优势为产业优势的关键环节和重要路径。此外，文化创意产业还能够满足人民群众的精神需求，孕育和培养民族精神，增强核心价值观的影响力。在2015年3月5日的政府工作报告中，"大众创业、万众创新"被提升到中国经济转型和保持增长的"双引擎"的高度。在"创时代"背景下，各个领域都掀起了创新和创业的高潮，文化创意产业也应紧紧抓住这一时代脉搏，为中国"创时代"增添力量。

一、"创时代"背景下我国文化创意产业所面临的机遇

（一）创业人数攀升，文化企业增多

随着政府鼓励创业的激励政策不断出台，创新驱动创业，创业带动就业

成为"新常态"下的新引擎。2015年7月《国务院关于积极推进"互联网+"行动的指导意见》中指出要充分利用国家自主创新示范区、科技企业孵化器、大学科技园、商贸企业集聚区、小微企业创业示范基地等现有条件,通过市场化方式构建一批创新与创业相结合、线上与线下相结合、孵化与投资相结合的众创空间,为创业者提供低成本、便利化、全要素的工作空间、网络空间、社交空间和资源共享空间。受创业环境变化影响,中国每天有一万多家企业注册,平均每分钟就会有7家公司诞生。文化创意产业也不断发展壮大,创业人数不断攀升。据《中华人民共和国文化部2015年文化发展统计公报》显示,截至2015年末,全国文化市场经营单位23.17万家,比上年末增加1.15万家;从业人员156.47万人,增加24.08万人。全国全年文化市场经营单位营业的总收入2965.64亿元,营业利润1002.10亿元。

(二) 创意阶层壮大,创新氛围提升

富有创造性的创意人才是文化创意产业发展的关键力量,他们通过提供智力和创造力,决定文化创意产业的繁荣与否。在大多数发达国家,创意人才都发展很快,例如美国纽约的文化创意产业阶层已占当地人口的12%,英国伦敦为14%,日本东京则高达15%。"创时代"背景下,我国迎来了第四次创业大潮,而这次创业潮比拼的是创新和创意,因此,在"创时代"的这次创业浪潮中涌现出不少拥有创意的人才,壮大了我国的创意阶层。此外,创意旨在去同质化,鼓励多样性、差异性和地方特色,这就需要促进不同创意人才的聚集,形成宽容、多元和开放的创意环境,只有在这样的人文环境中,才能促进更多创意源泉的迸发。2015年7月,《国务院关于积极推进"互联网+"行动的指导意见》中指出:"要以促进创业创新为重点,推动各类要素资源聚集、开放和共享,大力发展众创空间、开放式创新等,引导和推

动全社会形成大众创业、万众创新的浓厚氛围，打造经济发展新引擎。""创时代"鼓励创新等政策为创意人才营造了良好的创新氛围。

（三）"互联网＋"助力，创新典范涌现

"创时代"与互联网时代的共同发力，掀起了网络精英的创业热潮，诞生了"上市神话"和"马云传奇"等一批批的创业典范。随着互联网＋思维的运用，文化领域的创业创新提升到了一个新的高度，通过与互联网的互动和发展，与互联网行业相关的众多文化产业领域都释放了巨大的市场红利，新注册的文化企业增长了80%。例如互联网的存在，大大推动了动漫产业的发展，它不仅使动漫的载体扩展为网络视频媒介，还降低了动漫创作的门槛，使小成本、短规制的动漫作品有了生存的机会，同时还能在线与粉丝互动，根据粉丝的意见对动画片进行调整优化，将粉丝的创意融入新片创作之中。

二、"创时代"背景下我国文化创意产业所面临的挑战

（一）文化市场迎来大规模洗牌和重组

进入"创时代"以后，文化产业的主要门类增长迅速，规模扩大，越来越多的文化消费者摇身变为文化的生产者，供给短缺的局面得到了大大改善，甚至出现了供过于求的局面，人们对于文化消费的多元性提出了更高的要求。文化创意产品需要具备符号性、心理性和体验性，在某种意义上说，它更是一种精神的需求品。因此，文化创意产业将会面临大规模的洗牌和重组，在激烈的竞争下，单纯追求量的增长，缺乏创意，且规模弱小的企业面临着被兼并的危险。以中国的主题公园为例，2016年除了上海迪士尼，仅长三角地区还有十多家大型主题公园正在建设或即将开园，中国主题公园市场已经进

入到白热化的竞争阶段。然而,学界认为中国主题公园已超 2500 个,其中七成亏损、两成持平、一成盈利。这都是源于在"创意竞争"的时代,主题公园未能精准定位,打造自身特色的原因。因此,在"创时代"背景下,文化企业需要着眼于对文化进行个性化的提升和转化,从依靠政策和财政的支持转变为要依靠企业竞争力的提升和产业结构的优化,以文化内容和创意成果为核心,以创作、创造、创新为根本手段,为大众提供新型的文化产品和文化体验。

(二)创意产业园区需要规范

"创时代"背景下,创意阶层不断壮大,对创意人才的保护也面临着新的挑战。在知识产权的保护方面,我国相关的法律法规还不够完善,人们的知识产权保护意识薄弱。在大数据时代,知识产权的保护更是面临着严峻的挑战。此外,创意产业园区的规范也需要完善,随着进入"创时代",开发文化资源的企业逐渐增多,但是当前资源的分布还较为零散,缺乏有机的组织,不能很好地发挥效应。在文化园区的建设方面,由于筛选准入机制不规范,协同联动机制匮乏等,还造成了产业内部鱼龙混杂、合作交流少、恶性竞争、特色不明显等问题。这些问题都亟须出台文化创意产业发展的相关法律,从宏观层面对文化创意产业进行整合、分工和界定,为文化创意产业的发展奠定法律基石。

(三)创意层面过窄

文化创意产业的特征就是具备创新性、增值性和科技性。中国进入"创时代",通过创意元素的加入对传统文化资源进行创造性的保护和继承,对其他产业进行人文价值的提升是十分必要的。然而,目前我国文化创意产业发展中创新创意能力较弱，例如传统文化在传播方面就存在一些问题：传统文化传播没有摆脱原有的框架，造成市场的饱和与观众的审美疲劳；缺乏知名的国际品牌，传统文化作品缺少国际竞争力。这都是因为未把创意应用在传统文化之中，不能经过创新使传统文化进行现代性的重构，从而形成具备中国特色的文化品牌。除此之外，文化创意还面临着未能与经济资源和社会资源进行有效的融合问题。实际上，文化可以潜在地赋予其他产业以人文价值，增加企业的文化内涵，从而增强企业的核心竞争力，而现在大多数企业都未曾认识到文化创意的重要性，从而遭遇了创意层面过窄，创新无法突破的瓶颈。

三、"创时代"背景下我国文化创意产业的发展路径

（一）拉动创业引擎，保护创意阶层

2015年10月财政部下达2015年度文化产业发展专项资金50亿元，共支持项目850个，项目数较2014年增长6.25%。文化创意产业要利用好这部分资金，拉动创业引擎，培育小微文化企业扩大产业规模，实现产业的升级换代。同时，"创时代"背景下，还要把握好这次创业热潮，发挥好这些新生的创新力量，注意培养企业家的精神，鼓励创新人才的发展，提升文化创意产业的质量。在创意人才的培养方面，2016年中共中央印发了《关于深化人才发展体制机制改革的意见》，在人才培养、流动、激励、引用、保障等方面提出了相关的措施。因此，在以后的人才培养过程中各部门要落实相关工作，例如要注意充分发挥高校、培训基地、企业的各自优势，探索校企合作，产学研结合培养人才的道路，遵循文化创意产业发展和产业化的规律来设计课程，并有针对性地引进一些具有国际视野的海外留学人才，从而为文

化创意产业的发展培养高端人才。同时，也要注意企业家精神的培养，例如马云就用以文治企的价值观支撑了所创企业的健康发展，在其起步之初就十分注重企业精神的塑造和企业文化建设。此外，在创意人才的保护方面，要发挥好法律法规的作用，要建立健全知识产权保护法律制度，推进建设知识产权的相关门户网站，建立知识产权信息检索、公共推介和商品交易的平台，为保护创意人才形成一整套行之有效的法律体系。

（二）实现触网转身，促进创意集聚

当前"创世代"背景下，互联网+文化产业是未来的潮流和方向，很多文化创意产业的内容都需要借助信息技术这个平台，将创意应用到文化产业领域，打破界限，进行创意的跨界融合，来提升文化产业的生产力和创造力，形成以互联网为基础设施和实现工具的经济发展新形态。例如"798艺术区"，它在不破坏原有建筑遗产的前提下，对旧工业厂房进行了重新设计、改造和利用，融合了画廊、艺术家工作室、设计、酒吧、餐饮等服务性行业，从而形成了一种艺术与商业共存，时尚与传统共存，精神与物质共存的文化生产模式。与建筑业相同，文化创意还可以与工业、旅游业、农业等进行融合，从而使我国经济在重加工的基础上，增添人文附加价值，从要素驱动、投资驱动转向创新驱动发展。此外，发展文化创意产业还要推进创意的重组和集聚，从而实现文化创意产业的规模化、专业化和集约化。因此，要加快文化产业园区和集群建设，以重大文化产业项目为主导，以大型文化企业为主体，按照优势互补、利益共赢原则，引导和培植若干规模大、效益好、产业贡献率高、竞争能力强的文化航空母舰式的产业园区和基地，从而实现资本和人才的集聚，节约交易成本，增强其在产业内部的竞争力，为我国的经济发展贡献强大的力量。

(三) 提升文化创意产业品质，促进供给侧改革

文化消费不是通过刺激带动的，而是通过创意带来的。供给侧改革与文化创意产业的发展有着极大的契合点。供给侧改革是提高供给质量，推进结构调整，扩大有效供给，提高供给结构对需求变化的适应性和灵活性，从而更好地满足广大人民群众的需要，促进经济社会持续健康发展。而文化创意产业是非刚性的、弹性的需求，需要用创新性的产品去激发需求。草根性、原生态是文化创意产业中最大的特点。双创时代下，我们应该根据文化创意自身的特点去推动双创，在文化创意产业方面促进供给侧改革的同时，要注意提升文化创意产业的品质，找到文化的原创性、差异性和不可替代性。因此，发展文化创意产业要从铸造特色品牌，增强国内外影响力；加入创意元素，阐释价值观念；提升文化内涵，创新商业模式等方面进行提升，充分发挥创新的力量，从而用创意带动文化消费。

参考文献

[1] 王一，张实著. 动画设计与文化创意产业发展研究 [M]. 吉林人民出版社，2021.09.

[2] 曹如中，胡斌著. 长三角文化创意产业融合发展研究 [M]. 上海：上海交通大学出版社，2020.

[3] 王慧敏，曹祎遐等编著. 文化创意产业发展的理论与实践探索 [M]. 上海：上海社会科学院出版社，2018.06.

[4] 曹如中，史健勇著. 文化创意产业创造力培育机制研究 [M]. 上海：上海交通大学出版社，2017.08.

[5] 蜂巢实验室编委会. 数字媒体与文化创意产业应用发展 [M]. 北京：中国标准出版社，2022.

[6] 林明辉作. 新时代我国文化创意产业发展研究 [M]. 北京：经济管理出版社，2021.06.

[7] 万祖兵著. 基于体验经济的文化创意产品设计与应用研究 [M]. 长春：吉林人民出版社，2021.03.

[8] 陈思琦，李佳，李雨竹作. 非物质文化遗产与文化创意产业融合发展实践 [M]. 成都：西南交通大学出版社，2020.10.

[9] 李冬妍著. 促进文化创意产业发展的公共政策 [M]. 北京：中国财政经济出版社，2020.09.

[10] 文静著. 文化创意产业理论研究与实务 [M]. 兰州：敦煌文艺出版社，

2020.09.

[11] 文化创意与文化产业项目策划管理研究 [M]. 北京：中国商务出版社，2020.09.

[12] 文化创意产品设计与产业化发展问题研究 [M]. 郑州：河南人民出版社，2020.09.

[13] 王记生. 高校文化创意产业研究 [J]. 商品与质量，2021，(第 38 期)：356.

[14] 刘子心. 文化创意产业发展与艺术管理略谈 [J]. 中国民族博览，2022，(第 5 期)：105-107.

[15] 郑洁珠. 文化创意产业发展与经济转型研究 [J]. 环渤海经济瞭望，2022，(第 4 期)：16-18.

[16] 陈烦，刘丹. 文化创意产业研究现状 [J]. 合作经济与科技，2020，(第 4B 期)：36-37.

[17] 周永根. 文化创意产业的概念与特征 [J]. 文化产业，2020，(第 6 期)：25-27.

[18] 邢怡格. 文化创意产业园品牌传播现状与策略研究——以成都文化创意产业园为例 [J]. 电脑校园，2022，(第 1 期)：307-308.

[19] 贾荟. 我国文化创意产业发展现状及趋势探究 [J]. 智库时代，2023，(第 3 期).

[20] 尤琪. 文化产业与文化创意产业概念辨析 [J]. 文存阅刊，2021，(第 17 期)：161.

[21] 李艳霞. 文化创意产业发展问题与策略研究 [J]. 作家天地，2021，(第 35 期)：195-196.

[22] 刘贯宇. 影视文化创意产业发展探析 [J]. 传播力研究，2021，(第 6 期)：

35-36.

[23] 耒娅.我国文化创意产业园区发展探析 [J].合作经济与科技, 2021,（第 23 期）: 48-50.

[24] 赵名子.区域性文化创意产业对比初探 [J].新美域, 2021,（第 2 期）: 81.

[25] 汤亮.地区文化创意产业发展的思路与对策 [J].文化产业, 2021,（第 26 期）: 55-57.

[26] 夏晓飞.文化创意产业人才培养研究 [J].商业文化, 2021,（第 25 期）: 140-141.

[27] 葛新宇.浅谈文化创意产业发展的财政支持 [J].中国科技投资, 2021,（第 15 期）: 129-130.

[28] 余召臣.新时代文化创意旅游发展的内在逻辑与实践探索 [J].四川师范大学学报：社会科学版, 2022, 49(2):80-87.

[29] 黄国群, 熊蕊.创新获利理论新进展及其在文化创意产业的适用性研究 [J].上海交通大学学报：哲学社会科学版, 2020, 28(4):10.

[30] 唐庆.我国文化创意产业与旅游产业融合发展研究——评《理论与实践：当代文化创意产业发展研究》[J].广东财经大学学报, 2022, 37(5):2.

[31] 陈蕾.透视"生存"：数码时代文化创意产业的核心逻辑 [J].东南学术, 2019, 269(01):191-198.

[32] 郑四华, 张金阳.基于价值链理论的陶瓷文化创意产业的特点及策略研究 [J].山西财经大学学报, 2017(005):040.

[33] 刘纯, 杨继伟, 夏既明.我国文化创意产业品牌走势及其对策 [J].科技进步与对策, 2011(16):57-62.

[34] 段学芬, 马晨晨.创意城市评价研究 [J].学术界, 2011(12):12.